PECAR
E PERDOAR

Leandro Karnal

PECAR E PERDOAR

DEUS E O HOMEM NA HISTÓRIA

HarperCollins Brasil

Rua Nova Jerusalém, 345 – Bonsucesso – 21042-235
Rio de Janeiro – RJ – Brasil
Tel.: (21) 3882-8200 – Fax: (21)3882-8212/8313

CIP-Brasil. Catalogação na fonte
Sindicato Nacional dos Editores de Livros, RJ

K28p Karnal, Leandro, 1963-
Pecar e perdoar: Deus e o homem na história / Leandro Karnal. - 1. ed. - Rio de Janeiro : HarperCollins Brasil, 2014.

208 p. : il. ; 23 cm.
ISBN 978.85.209.2632-1

1. Vida cristã. 2. Deus. I. Título.

14-16607 CDD: 248.4
CDU: 27-584

Para Davi de Rossi Karnal, em esperança

SUMÁRIO

Introdução

Deus é um desespero que começa onde
todos os outros acabam.
Emil Cioran

Custou-me aceitar o convite deste livro. Relutei até. O tema da experiência religiosa é parte da minha pesquisa e da minha vida de professor. Mas imaginava que um livro com os verbos perdoar e pecar cairia em um buraco negro ingrato. Os religiosos seriam atraídos, mas vendo que o autor não é um deles, recuariam. Os não religiosos seriam rechaçados pelos verbos. Seria um livro para ninguém.

Voltei a refletir. Se recuso um texto porque acho que não será lido por alguém, é porque dialogo mal com minha vaidade. A vaidade — o orgulho — constitui, na tradição religiosa, o primeiro pecado. Aí está parte da chave do que aceitei quando comecei a escrever.

As ideias judaicas, cristãs e islâmicas de pecado embasam quase todo comportamento moderno, inclusive dos não religiosos. O perdão jurídico, as propostas de juntas conciliadoras, a prescrição de delitos e outros traços do Ocidente nascem e crescem à sombra de estruturas religiosas. O pensamento religioso segue vigoroso no chamado mundo líquido moderno. Talvez até tenha crescido por causa dessa liquidez.

Esse é um campo de compreensão do que somos, escrito por alguém que não é religioso. Mas, importante destacar, não é um texto antirreligioso. O mercado pulula de obras religiosas. De uns tempos para cá, surgem muitos trabalhos com ênfase no ateísmo ou agnosticismo. Este livro não defende uma fé e não tem por meta atacar nenhuma. Este livro pensa sobre o humano e a maioria dos seres humanos pertence a universos onde a religião ainda tem importância.

Tracei uma linha clara e complexa para escrever. Como historiador, entendo que toda ideia tem origem e tem desenvolvimento e que tudo é transformado pelo tempo. As ideias nascem de determinadas complexidades sociais e individuais e, uma vez estabelecidas, agem sobre essas complexidades. Ideias criam e são criadas. Ideias são parte da chamada realidade e vivem relações de circularidade com o mundo concreto.

Quando alguém diz que não defenderá nem atacará religião, causa um incômodo. Quase toda palestra que ministro a públicos variados sobre um tema religioso, na hora das perguntas, vem a inevitável e óbvia questão: *qual é a sua religião*? Já me preparo porque essa dúvida é legítima, ainda que fruto de um clichê. Já me disseram que alguém sem religião não poderia trabalhar com religiões. Sempre imagino se o médico oncologista sente falta de ter um câncer para chamar de seu. A metáfora é infeliz: religião não é um tumor. Vamos a uma metáfora melhor: o ginecologista homem teria competência menor por não dispor do aparato pessoal que estuda?

Normalmente, no entanto, meus ouvintes ficam incomodados. Precisam que eu declare algo, que tome um partido. Na cabeça da maioria das pessoas, ou alguém é corintiano ou palmeirense, ou colorado ou gremista, ou atleticano ou flamenguista, ou vascaíno ou... Meu problema é com a conjunção coordenativa alternativa OU. No mesmo caminho, reafirmo:

quando me perguntam para qual time torço, digo a verdade: nenhum. Mas o fato de jamais ter torcido em um jogo não significa que eu desconsidere a enorme importância simbólica, política e econômica do futebol no mundo, especialmente no Brasil. Não tenho time. Milhões vivem e morrem por seus times. Reconheço isso. É um fato significativo.

Não seria importante, porém, ouvir religiosos sobre o tema religião? Sim, e isso existe em grande quantidade nas livrarias, locadoras e outras fontes. Os religiosos fazem cerimônias, escrevem livros, produzem filmes e oferecem ao mundo um cardápio imenso de possibilidades. Escritores militantes ateus chegaram ao público um pouco depois e em menor quantidade. Richard Dawkins e Christopher Hitchens cavaram suas notáveis e bem-sucedidas trincheiras em defesa do ateísmo. Acho que essa polarização incentiva o debate, mas, como toda polarização, adjetiva mais do que explica. Eu diria que, hoje, o defeito dos militantes pró-ateísmo é terem aprendido as desvantagens das religiões: a catequese enfática e a intolerância com a divergência. Isso é ruim, seja vindo de um religioso, um ateu ou um vegetariano...

Acredito que há um espaço pouco explorado. Ele se insinua em uma obra de Alain de Botton, *Religião para ateus* (Intrínseca, 2011). Esse suíço, "ateu obstinado", abandona a militância contra as colinas sagradas e decide pensar sob um ângulo novo: como aproveitar o melhor da religião em um mundo sem Deus? Sua proposta ganha em sutileza se comparada a outras obras. Porém, em vários sentidos, Alain de Botton pensa a religião como um vasto balcão frigorífico de supermercado em que o ateu pode pegar algumas peças úteis e aquecê-las para seu uso. Sua religião está congelada e taxidermizada, empalhada e fria. Ele considera seu ateísmo como o clarão do futuro, quase inevitável. Esse é o ponto onde me afasto do seu enfoque.

Mas o que eu gostaria de dizer não é sobre a qualidade boa ou ruim do que existe, apenas de uma lacuna. É para preenchê-la que decidi escrever este texto. A experiência religiosa está entre as mais antigas da humanidade. Vários dirão, especialmente acadêmicos, que se trata de um erro afirmar isso, pois o que um romano clássico entendia como religião é inteiramente diferente do que um judeu ortodoxo da Polônia do século XVIII entende. A própria palavra religião tem um significado distinto para um grego da época clássica em contraste com um católico do século XVI, na Espanha. Isso é correto. Mas meu caminho não enfatizará tanto esse correto — ainda que preciosista — enfoque.

Vivemos um momento único. No século XVIII, durante o Iluminismo, os homens esclarecidos acreditavam que a superação da religião institucional seria um progresso. Em vários sentidos, tinham razão. O pensamento não religioso e racional faria crescer a ciência, faria a medicina avançar e traria progresso. Associavam religião com Inquisição, repressão, censura e atraso. Grande parte desse otimismo racional continuou pelo século XIX. Muitos liberais e filósofos proclamaram a "morte de Deus" e o fim das igrejas. A ciência era Darwin, e a religião, o conto de fadas criacionista. A ciência era Pasteur, e a religião, o atraso de tudo.

A experiência do século XX marcou uma virada. A ciência tinha criado a metralhadora, as armas com gás, o tanque e o avião. Veio 1914. Depois, veio 1939. Os números de mortos das duas guerras mundiais levavam ao tom espantado do pensador e poeta Paul Valéry, na França: "Nós, civilizações, sabemos agora que somos mortais." Os horrores de Auschwitz lançaram medo sobre a racionalidade a serviço da morte. Se a Espanha ultracatólica matou milhares em nome de Deus na Idade Moderna; a União Soviética e a China de Mao mataram milhões em nome da racionalidade ateia e "científica", ateus e religiosos já não podiam se apresentar para o debate de mãos limpas. Torquemada e Stálin se entreolhavam e nós, pessoas comuns, estávamos ainda mais perdidos do que eles.

Parte desse vácuo é o mundo líquido que Zygmunt Bauman popularizou como conceito. Quase todas as pessoas que me cercam tiveram formação religiosa. Quase todos nós tínhamos avós mais religiosos do que nós. Quase todos nós vivemos a genealogia que o rabino Jonathan Sacks sintetizou tão bem no livro *Teremos netos judeus? (Maayanot, 2002)*: "O avô reza em hebraico, o pai em inglês e o neto não reza." É uma experiência de um judeu inglês. Poderia ser de um católico mineiro que ainda se sente ligeiramente inclinado ao mundo católico da sua infância, mas não manipularia mais o terço que sua avó desfiava com destreza.

A biografia de milhões de pessoas no Ocidente reproduz, na escala individual, um momento de transição cultural que vivemos desde o século XVIII. O Deus da infância não cresceu e como ele foi concebido para se comunicar com uma criança a partir de um código infantil, calou-se na vida adulta. Sofreu a agonia que sofreram Papai Noel, Coelhinho da Páscoa e a Fada do Dente: viraram lembranças ternas e melancólicas, mas que nosso peso de adultos impede de tornar crença orgânica. A maior injustiça que Deus sofre no mundo contemporâneo é esta: ficar congelado no passado e ser acusado de não responder mais à angústia do adulto.

Este livro é sobre pecar e perdoar. Ele trata da experiência humana mais básica e fundamental: o desvio da norma e o restabelecimento da confiança em si e nos outros. Em si? Claro, perdoar-se é fundamental. Mas perdoar é diferente de relevar seus defeitos com indulgência. Vivemos em uma era de grande indulgência consigo, em que nenhum trauma pode ser imposto a nenhuma criança, e todas as ações devem ser premiadas pelo simples esforço da tentativa. Perdoar vai além de mimar-se.

Errar é humano. Não existe nada mais banal como afirmativa. Talvez a própria afirmativa já seja um erro em si, pois é uma tautologia, a repetição de algo, um pleonasmo. Ser humano é errar e isso vai além de treinamento, prática ou talento. Pegue-se um exemplo banal. Você caminha, provavelmente, desde doze meses de idade, um pouco mais ou um pouco menos. Você treinou caminhar nos últimos vinte, trinta ou sessenta anos. Você caminha todos os dias. E, supreendentemente, uma atividade treinada todos os dias ainda incorre em erro. Você e eu tropeçamos. Erramos o passo, vamos ao chão ou quase. Erramos na atividade que praticamos imensamente e ao longo de uma vida toda. Falhamos onde é fácil. Mas, junto com o tropeço, exercitamos nossa indulgência. Não, não fui eu que tropecei. Foi o tapete, este maldito tapete! Certamente, a culpa é deste degrau que surgiu do nada! Os objetos inanimados parecem ganhar vida e, como eles se deslocaram de forma traiçoeira até meu passo e me derrubaram, a culpa não foi minha. O erro nasce com o perdão, ou a explicação pelo erro.

Errar, pecar, falhar, perdoar, explicar, esquecer, superar... Os verbos são inúmeros e interessantes. Falam muito de nós. As religiões, especialmente as monoteístas que são acompanhadas de moral e ética, tratam dessa vasta experiência humana de inserção no mundo real.

Encerro esta introdução falando de algo muito pessoal. Cresci acreditando que, dentre minhas virtudes, perdoar brilhava com intensidade. Orgulhava-me da rapidez com que aceitava, com sinceridade, desculpas pelas falhas alheias. Exultava em perceber que incorporava o faltoso ao meu universo afetivo com rapidez, como se nada houvesse ocorrido. Sentia que não havia rancores expressivos no meu espírito, quando enfrentava dissabores ou decepções. Eu me irritava muito. Meu gênio sempre teve um caráter de ira imediata e potente. Porém, passada a raiva momentânea, normalizado o ritmo cardíaco, eu sorria ou brincava com o faltoso. Nunca fui um ser tão cordato quanto eu gostaria, mas supunha-me não vingativo e de fácil perdão. Conhecer-se é, socraticamente, o início árduo da Filosofia...

Um dia, fui obrigado a me conhecer mais. Já adulto, fui ferido por uma pessoa muito próxima e muito importante para mim. Pior, a ofensa ocorreu em um campo muito sensível para mim: o trabalho. Um incidente colocou-me em choque com uma grande amiga. Senti-me atacado diretamente. Alguém que eu tinha em alta conta produziu atitudes com intuito de me prejudicar. Talvez você, que está lendo isto, já tenha passado por essa experiência. É um soco no estômago. A traição, o ato agressivo, a seta com veneno disparada por arco amigo. Fiquei sem chão, misturando duas dores muito intensas: a dor pelo ato em si e a dor por ter sido perpetrada por quem eu jamais esperaria. Doeu esse soco simbólico e doeu muito pelo punho que o desferia. Dois nocautes e eu esticado na lona da decepção.

Bem, como disse, até então eu perdoava fácil. Mas percebi que, até então, nunca tinha sido genuinamente ofendido no ponto que importava. As muitas brigas que tive, as pequenas e médias decepções diante do mundo, as falhas minhas e alheias tinham sido epiteliais. Eu estava diante de um fato novo: não precisava perdoar algo fácil de perdoar, mas algo muito difícil. Na verdade, eu estava confrontando a primeira necessidade de perdoar. Nesse dia, caro leitor, querida leitora, eu me descobri muito humano. Não conseguia perdoar. Notava, surpreendido, um obstáculo interno, uma dor, uma ferida que sangrava e recusava ataduras. Tinha sido mentira o que eu supunha até então: eu não era uma pessoa de fácil perdão. Eu me descobri rancoroso, repleto de raiva, transbordando no fel escuro e viscoso da decepção. Eu cultivava essa dor. O pensamento voltava com frequência: *como ela foi capaz?*

Conversamos sobre o episódio mais de uma vez. Analisamos o evento. Choramos ambos. Houve, depois de um tempo, genuíno e sincero sentimento de arrependimento. Havia o momento quase literário de ambos trocarmos sentido abraço e entender que sim, houve um erro e que aceitar o erro era parte do aprendizado da amizade. As cordas do violino do perdão estavam esticadas e afinadas, esperando apenas que eu tomasse do arco e as fizesse soar. Mas o arco permaneceu sobre o aparador imaginário...

Lembrei-me de um poema que estudei na juventude. Era "Le vase brisé" (O vaso quebrado), de Sully Prudhomme. O poema narrava que um vaso fora quebrado. E que, apesar de não ser perceptível aos olhares do mundo, não poderia mais ser tocado. No poema francês, as relações eram como um fino vaso que poderia ser colado, mas que suas rachaduras permaneceriam e que, um dia, ao toque simples, revelariam a fratura. O vaso era o coração humano. O poema, lido trinta anos antes, voltava com força. Seria possível refazer o vaso? Confiança seria como virgindade: só seria possível perder uma vez?

Prudhomme ganhou o prêmio Nobel de literatura, em 1901. Seus versos voaram na minha mente muitas vezes. Metáforas são boas? Vasos são inertes; pessoas são orgânicas. Seria válida a comparação? Qual o limite da reconstrução da confiança?

São questões muito humanas. Essas foram pedras fundamentais na construção das religiões. Este livro trata de tudo isso. É uma jornada pelos valores e pelas muitas respostas dadas a esses valores. Viver é sempre perigoso, envolve acidentes de percurso. Afinal, como termina esta minha história? Essa é parte da vontade de escrever este livro. Vamos a ele.

Capítulo 1

O prazer de normar e o afã de pecar[1]

Tantas leis contestando tantos pecados.
John Milton, *Paradise Lost*, livro XII

VOLTANDO AO ÉDEN

Na Introdução, eu afirmei que as religiões, especialmente as monoteístas, estavam na base da concepção de sociedade que elaboramos até hoje. Vamos desenvolver essa ideia.

A Bíblia narra uma história criada na tradição judaica e compartilhada pelos dois filhos da fé de Abraão: Cristianismo

[1] O título é calcado em um livro de 1988, México: *El Placer de Pecar y el Afan de Normar*. Organizado por Joaquín Mortiz para o Instituto Nacional de Antropologia e História. O assunto do livro é a sociedade colonial ibérica e seus dilemas morais.

e Judaísmo. É a narrativa do primeiro pecado. Deus coloca Adão no centro de um jardim maravilhoso. Adão é um ser único, pois, como ensinam os especialistas na Torá, a humanidade inteira descende dele e isso institui a fraternidade universal. Somos filhos do mesmo Pai: ninguém é estrangeiro ou estranho neste planeta.

Deus se apresenta nos capítulos iniciais da criação como dotado dos atributos da misericórdia e da justiça. A tradição interpretativa judaica (Midrash) identifica esses dois atributos como importantes: se o mundo for criado só com misericórdia, haverá muitos pecadores; se for criado exclusivamente com justiça, ninguém poderá subsistir. Assim, o mundo é elaborado com misericórdia e justiça. Em outras palavras: se Deus for muito compreensivo com sua criação, cada um fará o que bem entende e se distanciará do Criador; se for exclusivamente justo, ou seja, punir quem erra de acordo com a Lei, quem poderia sobreviver ao rigor do olhar divino? Assim, o mundo foi gerado com o atributo divino da misericórdia (Midat Harachamim) e com o da justiça (Midat Hadin). É uma forma de equilíbrio ditado por Deus.

A primeira norma surge antes da criação de Eva: não comer da árvore da vida. Liberdade absoluta: tudo poderia ser utilizado, MENOS o fruto da árvore do saber, do bem e do mal. A primeira regra da criação já veio com o primeiro código penal: "No dia em que comeres dela, morrerás" (Gênesis 2:17). Criar punição antes da infração indica que já se sabe da dificuldade na observação da regra. Quando estabeleço o que acontece com quem não obedecer, já reconheço que obedecer é uma opção e que é humano enfrentar a regra.

É interessante imaginar que uma norma seduz para a possibilidade da infração. Diga-se a uma criança que pode brincar com TUDO naquele espaço MENOS com o brinquedo vermelho que está sobre a cadeira. Não é necessário ser um grande psicólogo ou pedagogo para imaginar que será exatamente o brinquedo proibido o alvo maior do interesse dela. O mais lógico é imaginar que, exatamente por causa da proibição, o brinquedo interditado será o único desejado, pois o interdito ganhou uma aura de interesse. Aquele brinquedo deve conter algo muito especial e todos os outros são monótonos.

De alguma forma, o erro, o pecado, a infração são criados pela norma que os institui. A gramática estabelece a medida que torna alguém mau usuário da norma culta. Quem escreve uma gramática está criando os incultos da língua. A regra é a mãe do infrator. Talvez isso explique que a justiça de Deus ande de mãos dadas com sua misericórdia. É uma percepção sábia, pois estabelece uma norma como meta e já prevê a inevitável infração.

Seria tentador imaginar que a culpa do pecado esteja em Deus. Ele determinou algo que seria impossível de evitar, como é impossível à criança frear a vontade do brinquedo vermelho sobre a cadeira. Mais forte seria imaginar que a norma contém um secreto desejo de infração. Na cabeça do legislador, estaria uma vontade de exaltar a regra e sua sabedoria, pois pela transgressão, ficariam evidentes a reta intenção e a justiça do autor da regra. O pecador faz a justiça de Deus brilhar, bem como torna necessária sua misericórdia.

Há uma questão no primeiro pecado que é muito interessante. Deus diz que não se pode comer do fruto da Árvore da Vida. A maçã, como consagrou a tradição, era interditada ao paladar humano. Porém, quando a serpente tentou, insinuou o contrário; Eva argumentou que não poderia nem comer e "nem tocar no fruto" (Gênesis 3:3). Eva exagera a regra e a muda. Eva acrescenta mais interdição. O reforço imaginativo talvez evidencie o quanto de sedutor havia no não.

A tentação é iniciada pela serpente, mais astuta do que qualquer animal. Parece que a inteligência é associada ao pecado. Posteriormente, essa serpente seria identificada com o demônio, mas isso é mais cristão do que judaico, pois o demônio tem maior autonomia e força no Cristianismo do que no Judaísmo. Inteligência permite ter consciência. A serpente a possui antes do episódio da queda. Consciência só existirá para Adão e Eva após o pecado. Como personagens, Adão e Eva são totalmente rasos e desinteressantes quando estão em plena comunhão com Deus. O casal só nota a nudez depois de ter comido a fruta e cria um traje de folhas de figo. Inteligência, consciência e, agora, moral: estava ocorrendo uma segunda criação do ser humano.

Na primeira criação, surgira um ser sem doenças, perfeito e integrado ao Criador. A segunda criação é o surgimento do mundo como o conhecemos: infrator, culpado, com desvios incessantes. Deus criou Adão e Eva e, com o pecado, Adão e Eva nos criaram. De fato, somos descendentes do primeiro casal, mas os filhos só nasceram fora do Paraíso. Somos nós, melancólicos de uma ordem da qual só ouvimos falar: o mundo sem erro e sem pecados.

O grande Maimônides havia advertido que o livre-arbítrio era respeitado por Deus (*Os oito capítulos*). Fomos criados com a capacidade de optar entre o Bem e o Mal. Eva disse para a serpente que sabia da norma. A serpente disse que ela não morreria, mas viveria eternamente. É uma pergunta colossal e um drama cósmico: por que escolhemos, conscientemente, o que sabemos ser errado? Talvez essa seja a pergunta mais importante de todas. Vai dos pequenos dramas cotidianos às questões cósmicas. Por que optamos pelo errado?

Eva demonstra, imediatamente, a vontade do bem. Responde com a regra que ela sabe correta. Seduzida para agir mal, a primeira mãe responde bem. Eva é nosso modelo humano. Quase sempre não precisamos que alguém nos diga o certo. Agimos errado com consciência do erro. Como eu disse, isso começa nas pequenas decisões. Sabemos o dano que causa a fritura. Temos clara profecia sobre o dia seguinte ao optar pela bebida em excesso. Sabemos que o dinheiro gasto daquele jeito fará falta. Eva enveredou por uma decisão crucial, como nós enveredamos diariamente pelos pequenos desastres.

A resposta mais óbvia é que o erro nasce do prazer imediato que se antecipa. Engordar está no futuro e o brigadeiro sedutor e tenro está no presente. Poupança é árdua e o gasto imediato é uma maravilha. O dia está pela frente, frio, e a cama está quente e envolvente agora. Errar seria abandonar a virtude do futuro pelo prazer presente. Errar seria colocar satisfação no aqui e agora e evitar o investimento de longo prazo. Errar seria apenas uma estratégia temporal? O bem X está no ponto mais próximo e palpável e o bem Y está longínquo; então... opto pelo X. Olhando tecnicamente, o erro seria apenas um equívoco temporal, ou um choque entre uma noção de dever de longo prazo contra um ganho imediato.

Curiosamente, há um sentimento generalizado: as pessoas muito "certinhas", aquelas que sempre apostam no adequado, que poupam, que comem alimentos corretos, que nunca se atrasam, que dormem nas horas exatas e na quantidade prescrita pela Organização Mundial de Saúde seriam... chatas. Há mais: seriam pouco aptas ao inovador, ao inesperado. Esses apóstolos da virtude seriam burocráticos e fadados ao fracasso no campo do empreendedorismo.

A Bíblia foi escrita antes de o empreendedorismo virar a Teologia da nossa época. A Bíblia foi escrita antes do próprio capitalismo. O defeito da escolha de Adão e Eva é mais vasto. Não diz respeito a um prazer imediato e inovador, mas a uma cegueira. O primeiro casal desejou ser Criador, almejou elevar a criatura. Isso é, basicamente, idolatria. Em um sentido estrito, a idolatria é o culto de estátuas de deuses falsos. No sentido mais amplo, é a substituição do Criador pela criatura. Adão e Eva desejaram "ser como Deus", a promessa que a serpente fez.

O primeiro erro é uma forma de idolatria, dentro da qual está inserida a desobediência. Não era fome ou um prazer imediato. Não era o prazer juvenil da revolta. Era uma ambição de superioridade impossível de ser contemplada.

O segundo erro é mais sutil. Adão e Eva comeram da árvore do conhecimento, cujo fruto pronto e maduro se apresentava. O conhecimento, na tradição judaica, é uma obrigação, um dever imposto aos homens. Mas o conhecimento é fruto do esforço, do contínuo aperfeiçoamento, da luta pelo esclarecimento. Tomar o conhecimento pronto e maduro não é o verdadeiro conhecimento, mas apenas a vaidade de possuí-lo. Esse é o outro e fundamental erro: o atalho. Sem luta interna, sem uma guerra consigo (física e psíquica), o conhecimento é vazio. O saber nasce dessa luta e não do conhecimento em si. O caminho é o conhecimento. A luta por saber é o saber. Essa é outra lição do Gênesis.

Nesse caso, não se trata de substituir o prazer no longo prazo pelo prazer imediato. Adão e Eva perderam o Paraíso não pelo gosto do fruto ou pelo prazer infrator. Não foi uma dúvida entre ter prazer agora ou cumprir uma ordem em longo prazo. Nossos pais primordiais desejaram o longo prazo irrealizável ao errarem. Eles comeram para ser como Deus, apostaram em uma falsa premissa. Sua busca pelo discernimento absoluto apenas trouxe à tona sua falta de capacidade para isso. Nesse caso, o pecado é um equívoco de outra forma de idolatria orgulhosa: julgar-se capaz de mais do que se pode. O pecado é um erro de avaliação. O pecado é filho da vaidade.

Ficamos com um caso curioso. Ao desejarem conhecimento imediato e pronto, Adão e Eva demonstraram que não tinham conhecimento algum. A ignorância, em si, não é um erro, mas o orgulho dela e a permanência nela, sim.

O episódio de Adão e Eva na Torá traz mais uma revelação. Já identificamos a justiça que pune e a misericórdia que ampara. O castigo pela desobediência é duro: expulsão do Paraíso. Adão teria de trabalhar com dificuldade e seu suor seria o custo da sua sobrevivência. Eva teve duplo castigo: parir filhos na dor e ser submissa ao marido. Faltam milênios para um pensamento feminista despontar na linha do horizonte. Dor, trabalho, perda do Paraíso: enormes punições pelo erro. Mas... logo após essas pragas sobre Adão e Eva e toda a humanidade, vem a misericórdia. Um versículo simples, isolado, que parece reverter todo o jogo até aqui (Gênesis

3:21). Deus fez túnicas de pele e vestiu homem e mulher. Foram expulsos de casa, mas com itens básicos de guarda-roupa. A justiça foi feita e a misericórdia, atendida. Começa a história humana. Principiamos com a queda. O pecado nos humanizou.

O preço da humanização é alto. Fora do Paraíso, Adão e Eva geram filhos. É interessante notar que nunca existiu uma família completa no Paraíso. Adão e Eva foram perfeitamente felizes *sem* filhos. Só foram férteis após o pecado. A dor da concepção faz parte do castigo da mulher. A ordem de crescer e multiplicar tinha sido dada, mas só será realizada no lado externo do Jardim das Delícias. Caim nasce aqui, neste mundo, no famoso Vale de Lágrimas. O agricultor Caim logo teria um irmão, o pastor Abel. Formou-se a primeira família humana.

O primeiro homicídio nasce de uma disputa de afeto. Caim ofereceu um fruto da terra a Deus. Abel fez o mesmo com o primogênito do seu rebanho. A Bíblia não diz textualmente, mas a tradição judaica fala que Caim ofereceu produtos com descuido e Abel trouxe, de coração limpo, o melhor do rebanho. Em todo caso, Deus olhou para o sacrifício de Abel e não para o de Caim. O ressentimento instalou-se no coração do primeiro filho.

Em uma época de comunicação mais livre entre Deus e os homens, o Altíssimo vê a tristeza de Caim e o questiona. Há uma pequena passagem muito significativa no capítulo 4 do Gênesis. Deus diz a Caim que o bem o faz andar de cabeça erguida e o mal faz o pecado espreitar à porta: "A ti vai seu desejo, mas tu deves dominá-lo" (Gênesis 4:7). Tu deves dominar teu desejo, é tradição mais corrente nas Bíblias, especialmente as cristãs. Se ficarmos mais fieis ao hebraico da Torá, o verbo não é dever, mas poder. No texto hebraico, não é ressaltado um dever exatamente, mas uma capacidade. É uma tradição forte na Bíblia: o mal espreita e o homem tem capacidade de agir bem e recusar o pecado. Se pecar, deve arrepender-se e Deus o perdoará. Se a tentação e a força do mal fossem maiores do que nossa capacidade, não seria pecado de fato, pois não haveria escolha nem liberdade.

No Novo Testamento, na carta aos Romanos que abre a coleção de textos atribuídos a Paulo, há uma passagem que dialoga com essa tradição. O homem de Tarso diz que onde aumenta o pecado, a graça transborda (Romanos 5:20). Uma das possibilidades de interpretação dessa passagem é que sempre existe a fortaleza dada pelo Espírito para que cada um possa resistir aos erros. Não há tentação maior do que nossa vontade e, assim, todo pecado é uma escolha, muito clara, pelo Mal, escolha consciente e deliberada.

O direito e o costume contemporâneos introduziram reflexões que, em alguns casos, justifica ou sociologiza o erro. Por causa de um desvio mental, por causa de sua origem social, em função de uma insanidade temporária ou um traço específico, o criminoso torna-se menos culpado ou até digno de uma absolvição. A tradição bíblica é distinta. Por um lado, o erro é escolha de cada um, consciente e deliberada. Por outro lado, reconhecendo o erro e se arrependendo dele, o perdão pode existir. Todos são imputáveis na Bíblia, mas nem todos são perdoados.

Caim matou o irmão e passou a errar pela Terra com um sinal colocado por Deus, para que não seja morto e vague pelo mundo. Reflita, estimado leitor: estamos falando da primeira família humana, aquela que mais próxima esteve de Deus e teve um começo tão feliz. Nessa família não existia sogro ou sogra, genro ou nora, nem avós distintos para separar as festas. Adão e Eva não tiveram infância. A primeira mãe ouviu o demônio, o primeiro pai a seguiu, o filho mais velho é assassino e o mais novo está morto. No próximo Natal ou na Festa de Hanucá, ao ver pequenos problemas domésticos, alguma ironia velada ou chantagem emocional, seja um pouco mais generoso com a mesa familiar. Se os filhos não se entenderem, se houver intrigas entre cunhados, se o marido ou a mulher estiverem de mau humor, reflitam: estamos melhor do que Adão e Eva...

O FUROR DE QUEM LEGISLA

Norma e erro, lei e pecado; esse binômio parece inseparável. Difícil definir a primazia do ovo ou da galinha. Pecamos pela norma que existia ou a norma veio para coibir o erro cometido? Alguém se atrasava quando não existia relógio? Até o surgimento da família patriarcal monogâmica como modelo existia adultério?

Se a Bíblia for nossa fonte, a resposta é variada. Adão e Eva erraram depois de uma norma claramente exposta. Caim matou seu irmão sem que o mandamento “não matarás” tivesse sido ainda enunciado. As chamadas Sete Leis de Noé surgem após o castigo do dilúvio. Ou seja, tomando apenas o texto bíblico como fonte, os homens erravam sem que houvesse um código. Às vezes a desobediência é posterior à ordem, como no caso do faraó ante Moisés. Às vezes não parece ter existido código e a punição surge mesmo assim.

Uma coisa fica clara: quanto mais multiplicamos regras, quanto mais lei e estatutos ocorrem, mais o erro se dissemina. Parece uma relação de causa e efeito. Noé tinha sete leis. Moisés recebeu dez e o conjunto das normas da Torá para um judeu religioso chega a 613.

Fora do campo religioso, há também uma questão curiosa. A constituição norte-americana é muito menor do que a brasileira. Provavelmente, a noção de lei nos Estados Unidos é mais forte do que no Brasil. Parece que multiplicamos regras à medida que perdemos a fé na sua eficácia.

Legislar é uma forma de controle, ao menos no papel. Aqui se estabelece um jogo duplo do pecador e do moralista, do erro e do legislador. Não existe pecador sem um moralista e seu código. Mas, reconheçamos, não existe moralista sem pecador. Eles formam um par inseparável.

Identidade é algo dado em confronto com o outro. Sei quem sou pela comparação. Em família, é comum existir apenas uma pessoa ocupando um único posto. Exemplo: um filho é *o* estudioso, outro é *o* vagabundo, outro é *o* revoltado etc. Parece que são pódios onde só cabe um vitorioso ou um derrotado. Isso se repete nas empresas, nas igrejas, na sociedade. Uma vez estabelecido um papel, o outro se constrói em oposição a ele, ou talvez ambos cresçam entrelaçados.

A identidade do moralista é construída no orgulho de não ser pecador. O moralista legisla contra o pecador, mas legisla para obter sua identidade. Aquele que faz regras, aquele que multiplica procedimentos, anseia pelo erro e pela infração da sua regra. Há um discreto prazer no que aplica a multa, a reprimenda, a punição, o castigo. Fico imaginando se um guarda de trânsito no exercício do seu dificílimo dever passasse todo o dia sem observar uma única infração. Todos os carros dirigindo na velocidade prevista, piscando a seta, parando longe da faixa de pedestre. Será que essa abnegada autoridade do trânsito voltaria sorridente para sua casa dizendo: "Mulher, o dia foi ótimo, não multei ninguém!" A regra parece só ter validade e brilhar no momento em que um rato infrator ingressa na ratoeira da moral. Aliás, se a virtude fosse universal, o guarda de trânsito perderia seu emprego.

Mas há outros prazeres na infração. A Peste Negra do século XIV foi lida como castigo de Deus pelos pecados dos homens. A tuberculose do século XIX era o castigo aos boêmios, aos que se entregavam à noite, ao absinto, aos cabarés e ao desregramento. A Aids seria o castigo aos homossexuais e usuários de droga. Bactérias e vírus foram vistos como cavaleiros do apocalipse moral. Assim, ao ver um tuberculoso ou um portador de HIV, o moralista poderia, com prazer secreto pouco disfarçado, sorrir em paz porque o castigo do pecador era sua redenção moralista.

Não se trata da clássica hipocrisia burguesa ou farisaica. Não estamos analisando aqueles que apontam erros que eles próprios cometem, ainda que isso seja bastante comum. Estou indicando que a moral só se realiza, o código só é vitorioso e a norma só triunfa com a existência do infrator. Sem o inverno punitivo, a cigarra seria apenas mais feliz do que a formiga, que, no fundo, é uma *workaholic* que disfarça sua depressão como manto da responsabilidade. Mas o inverno mata a cigarra cantora e mostra que a dor da formiga que se negou por completo em nove meses do ano, enfim, encontra paz nos três meses de frio. Que alegria indescritível na face da formiga, quando a folgada cigarra bate à sua porta trêmula de frio. Que coisa boa ver que seu esforço é tão válido que, os que não tinham a mesma convicção estão sendo punidos. A felicidade no formigueiro só começou depois que a porta foi batida na cara da cigarra pedinte. Agora, os nove meses de trabalho insano tinham encontrado razão. O tema da cigarra animaria o austero e correto ambiente das formigas e, enfim, elas encontrariam razão de ser. O formigueiro cheio de trabalhadoras só será feliz com a punição das "folgadas".

Imaginemos que o primeiro pecado não tivesse ocorrido. Suponhamos que Adão passasse seus inacreditáveis 930 anos de vida (ou mais se tivesse ficado no Éden) em completo afastamento da árvore fatídica. Teria sido cumprida toda a arquitetura divina moral e nunca teríamos experimentado a morte e o sofrimento. Mas... a Bíblia terminaria ao final do capítulo 2 do Gênesis. Toda narrativa sagrada seria resumida aos dois capítulos iniciais, ou a uma descrição insuportável e longa do cotidiano paradisíaco. O diário de Eva registraria, milênio após milênio, constatações como "dia radioso, Adão me ama mais hoje do que ontem, noite tranquila de sonhos perfeitos, tatatataranetos atenciosos e delicados comigo..."

Sem a transgressão, não teriam surgido Abraão, Moisés, os Salmos de Davi, as profecias de Isaías e a própria figura de Jesus. Nenhum apóstolo teria despontado e nenhum santo teria surgido. Sem a argila do pecado, o edifício imponente do plano divino seria reduzido à choupana de Adão. O pecado, como já foi dito, humanizou-nos, mas também despertou a história. Sei que é difícil para alguém que tem fé, mas deveríamos reconhecer que somos filhos de Deus e do Diabo.

Em um famoso hino de Páscoa, a igreja cristã chega a dizer que a culpa de Adão é feliz, pois mereceu um tão grande redentor. *Oh Felix culpa!* Que culpa feliz que teve remédio tão doce. O pecado original é a marca da humanidade e é seu berço também. Mais: graças ao pecado original, veio o salvador.

Exercendo, porém, seu papel, o moralista legislador não encara o pecado como parte indissociável da esfera humana. A transgressão pertence, para ele, ao campo da exceção abominável. Nosso destino como seres criados à imagem de Deus seria o Éden. Não transgredir seria voltar ao Paraíso. Mas o mais curioso: o homem perfeito e integrado, o primeiro casal sem mancha alguma de infração, surge de fato no final do capítulo 1 do Gênesis e desaparece, como virtuoso, no meio do capítulo 2 do mesmo livro. A virtude humana não chega a preencher dois capítulos. Todo o resto do texto sagrado é a história da transgressão.

Os mais de setenta livros que os cristãos consideram como Bíblia apresentam a luta contra o erro, a queda, coletiva e individual, de quase todas as personagens. Da bebedeira de Noé ao crime de Davi contra Urias, das intrigas de Jezebel à dança de Salomé: homens e mulheres passam todos os cinco mil anos seguintes pecando, caindo, sendo punidos, regenerando-se e... pecando de novo. O afã de pecar parece ser o apelo mais forte do Gênesis ao Apocalipse. A Bíblia começa sem pecado algum no seu primeiro capítulo. Para os cristãos, termina sem pecado algum, com a vitória do Cordeiro contra o Anticristo, no Apocalipse. No meio são milhares de páginas de erros, tropeços, faltas, pecados e omissões.

A Bíblia poderia ser sintetizada como o choque do pecado onipresente e universal com a regra de Deus. Pedro, o príncipe dos apóstolos, fraquejou na fé ao andar sobre as águas, dormiu na agonia de Jesus no Horto e ainda negou o mestre três vezes. Esse foi o homem que Jesus escolheu como o mais próximo, o pescador de homens, o que tem o poder das chaves do céu. Tiago e João receberam o apelido de filhos do trovão, o que talvez indique uma personalidade, digamos, forte. Tomé se recusa a ter fé abstrata. Judas não precisa ser descrito em suas faltas, todos conhecem a tradição dominante que o torna o maior traidor. Não era o grupo virtuoso e cândido que os santinhos de papel católicos antigos faziam crer.

Toda essa descrição deveria tornar os líderes religiosos bem mais compreensivos com uma aparente natureza humana inclinada ao pecado. Não foi o que ocorreu historicamente.

Os protestantes do século XVI quase sempre concordaram com a tese de que a natureza humana estava corrompida pelo pecado. Com isso, insistiram no dom gratuito da salvação, no mistério da entrega de Jesus a uma humanidade que não merecia um redentor tão bom. Aqui, poderíamos encontrar uma escotilha para olhar fora do barco moral para o oceano dos seres reais. Porém, as sociedades calvinistas e luteranas não foram mais tolerantes com o desvio do que tinham sido a católica e a ortodoxa. Diferentes concepções da Graça ou do Pecado humano não mudaram o afã de normar. O dedo acusador tornaria amigos Lutero, Calvino, Inácio de Loyola e Teresa D'Ávila.

Grande parte da fala de Jesus nos Evangelhos é a proclamação da vitória do amor e da compaixão sobre a frieza da Lei. Jesus convida a um gesto que vá além da regra, mesmo que ela seja clara. Sua briga com os fariseus sempre insiste no mesmo ponto: eles compreenderam tudo que estava escrito na Torá, mas não captaram nada do que seria essencial. Os fariseus tinham se apegado à forma e condenavam todos os outros. Achavam que levar a palavra de Deus consigo era amarrar um trecho da Torá junto ao corpo. Jesus proclamava um conteúdo e condenava a esterilidade da letra. O amor deveria ir além da lei.

Se olharmos a história do Cristianismo, não seria errado indicar que o movimento que busca Jesus de Nazaré como fundador foi vitorioso, em parte, porque se afastou de Jesus de Nazaré. A vitória das instituições religiosas foi a vitória dos fariseus: a regra, as penitências, a aparência. De alguma forma, o Grande Inquisidor, o conto dentro da obra *Os irmãos Karamazov*, de Dostoiévski[2], destaca essa consciência. O velho

---

[2] DOSTOIÉVSKI, Fiódor. *Os irmãos Karamazov*. Trad. Paulo Bezerra. São Paulo: Editora 34, 2008.

Inquisidor diz ao próprio Jesus que a ideia dele não poderia dar certo. A comunidade que Jesus imaginou estava fadada ao fracasso numérico. A Igreja Católica tinha vencido por ter ignorado o essencial da mensagem de Jesus e criado um mecanismo institucional para milhões. O Inquisidor, nesse trecho de beleza quase aterradora da literatura, parece demonstrar uma consciência além da usual. Se reduzíssemos o argumento do cardeal espanhol ao mínimo múltiplo comum, seria algo como: estamos corretos porque, em essência, estamos errados. Ou seja, estamos corretos na estratégia e no êxito; errados no conteúdo e na fidelidade ao original.

Todos somos inquisidores. Eu que escrevo e você que me lê. Amamos legislar e indicar certo e errado. Além do pecado, legislar parece ser um dos maiores deleites humanos. Legislar é indicar o quanto eu estou certo. Claro que não me refiro apenas aos legisladores morais da Inquisição ou aos códigos canônicos. Refiro-me a todo exercício de domínio que o julgamento apresenta. Sou legislador e moralista quando:

- Orgulho-me de ser fiel à minha família, não ser promíscuo, não ser adúltero e viver exclusivamente na felicidade da fortaleza moral que imagino habitar. Abomino esta gente depravada e infeliz que vejo ao meu redor.
- Sou de esquerda, apoio as boas causas da reforma agrária, manifesto entusiasmo com invasões e greves, abomino os podres poderes burgueses e capitalistas.
- Sou conservador e exalto as virtudes do trabalho metódico, do respeito absoluto à propriedade, do esforço honesto e da poupança. Abomino estes vagabundos que anseiam pelo Estado.
- Sou vegetariano e ecologista, reciclo lixo, entro em harmonia com o cosmos e grito em cachoeiras e gramados; abraço árvores e abomino os monstros que derrubam as matas.

- Estudo diariamente e faço cursos, procuro compreender o mundo e seus mecanismos, decifro sistemas e abomino os alienados e acomodados mentalmente.

A lista poderia ir até o centro da galáxia. Mas o leitor, inquietado (talvez alguma categoria o tenha atingido), começa a supor que esteja ali a defesa do imobilismo, ou de um vazio absoluto, já que tudo está errado e não haveria virtude na virtude. Ah, meu bom Dostoiévski... que falta você me faz. O centro da lista não está nas atitudes, mas no verbo ABOMINO que se repete. É um verbo religioso. Deus abomina o pecado; o justo abomina o caminho do mal. Sodoma e Gomorra foram queimadas por serem abominações. Os sacerdotes de Baal foram mortos porque seguiam uma abominação. Os que estiverem à esquerda de Jesus no Juízo Final serão malditos e abominados. Todos que abominam distanciam-se pelo ato de estabelecer hierarquias morais que criam pecadores. O problema aqui não é se existe o erro ou não, mas que o ponto de virtude onde me coloco é a tranquilidade do fariseu que cumpriu o jejum correto e segue a norma do descanso do sábado, pagou o dízimo das mínimas coisas e só se esqueceu de um detalhe: amar.

Ao criar a regra (que naturalmente é a correta, porque a criei ou acredito nela ou pertenço ao sistema que criou a regra), invento o pecado e a minha felicidade de não pertencer ao bando dos perdidos. Legislo não para atacar o erro, mas para estar feliz ao lado do acerto. Como se diz tradicionalmente, os hospícios não foram criados exatamente para restringir a liberdade dos chamados loucos, mas para garantir que eu tenha certeza de que não sou louco por não estar no hospício. Sou normal porque se não fosse não estaria aqui fora. Sou macho porque não estou na Parada Gay. Sou ético porque não sou aquele famoso político. Sou bom marido porque tenho um amigo que faz poucas e boas. Eu me cuido e evito glúten e frituras, ao contrário de fulana que está um cachalote de tão gorda. *E la nave va.*

Legislamos, classificamos, e com isso criamos a clareza que evita nossa inclusão no lado mau. Entendemos bem o conceito da justiça de Deus que indiquei no início do capítulo. Fraquejamos na misericórdia.

O furor de quem julga e legisla é o medo de ser igual. Em sua rancorosa *Carta ao pai*[3], Franz Kafka solta toda a mágoa acumulada contra Hermann, o chefe da família. Uma das críticas é exatamente a figura paterna sentada na cadeira julgando tudo e todos. Estavam errados o imperador, os generais, os banqueiros, os judeus de Praga, os católicos de Praga e os ateus de Praga. Logo, conclusão do grande escritor, só o pai estava correto. Só ele sabia as boas respostas e os bons procedimentos. A crítica era a construção de um elogio. Este é o jogo do legislador moral: é um ato de elogio a si. Quem critica fala de si. Velho adágio: quando Pedro fala de Paulo, Pedro fala de si. É difícil amar alguém moralista.

Vivemos um estranho autismo, voltados aos nossos valores e ao que acreditamos ser. Desfilamos pelo mundo, classificando. Um cuida demais da aparência, outro nada; este estuda muito e não é feliz, aquele nada lê; minha empregada é uma preguiçosa completa, minha patroa é uma prófuga que não faz nada; meu chefe é um incompetente, meus colegas são folgados; meus subordinados não são proativos; os argentinos são cheios de si, os brasileiros são incompetentes e assim vai.

Poucas construções sobre a visão para o suposto erro alheio são tão hilárias como a levada a cabo por Umberto Eco no livro *O cemitério de Praga*. Lá encontramos Simonini, o falsário e preconceituoso narrador que escreve sobre todos os errados do mundo. Ao falar dos alemães, nosso falsário diz que:

> Um alemão produz em média o dobro das fezes de um francês. Hiperatividade da função intestinal em detrimento da cerebral, o que demonstra

[3] KAFKA, Franz. *Carta ao pai*. Trad. Modesto Carone. São Paulo: Companhia das Letras, 1997.

sua inferioridade fisiológica. No tempo das invasões bárbaras, as hordas germânicas constelavam o percurso com montes desarrazoados de matéria fecal. Por outro lado, mesmo nos séculos passados, um viajante francês logo compreendia se havia transposto a fronteira alsaciana pelo volume anormal dos excrementos abandonados ao longo das estradas. E não somente: é típica do alemão a bromidose, ou seja, o odor repugnante do suor, e está provado que a urina de um alemão contém 20 por cento de azoto, ao passo que a das outras raças, somente 15. O alemão vive em um estado de perpétuo transtorno intestinal, resultante do excesso de cerveja e daquelas salsichas de porco com as quais se empanturra[4].

O texto de Eco constrói, na figura execrável de Simonini, todos os preconceitos do século XIX. Ele odeia italianos, franceses, judeus, padres, maçons, jesuítas e mulheres. Simonini é o estereótipo do tipo preconceituoso: quase um signo de signo do que tantas cabeças, infelizmente, compartilharam ao longo da História.

Mas o mais interessante é que Simonini usa várias fantasias para sair à rua. Um dia, ao ver no seu quarto a roupa de um religioso que usara pouco antes para um dos seus golpes, tem dúvida se um religioso real o visitou ou se aquela é uma fantasia. Chegamos ao grau mais sofisticado de toda fantasia moral ou imoral: a crença nela. De tanto repetir códigos e preconceitos, acabamos acreditando que somos o que enunciamos. Filhos todos do pó da Terra e destinados ao pó no final, cada um supõe sua poeira como fino mármore e refi-

[4] ECO. Umberto. *O cemitério de Praga.* Record: São Paulo/Rio de Janeiro, 2011. p. 14.

nado alabastro. Com o tempo se estabelece esta estranha e dolorosa esquizofrenia: falamos de alguém que desejamos ser como se fôssemos. A distância entre o pó e o mármore é o espaço da nossa vida.

PECADOS DE GENTE BOA

É fácil pensar nos vilões da Bíblia como grandes pecadores. São pessoas más e que levam ao desastre, à morte e à punição final. Já citamos alguns neste capítulo: Caim, Judas, Jezebel, Salomé. Nada de bom há neles. Seu pecado é coerente com sua maldade estrutural. No entanto, a Bíblia não é um livro apenas maniqueísta, com perfeita divisão entre dois polos morais. O pecado está disseminado entre os heróis da virtude. A narrativa da Bíblia é muito mais complexa e rica do que seus inimigos afirmam. Vejamos, para exemplificar a complexidade do pecado, quatro pessoas do bem que se desviaram da senda do Senhor após o Éden.

Comecemos com o virtuoso Noé. Ele é apresentado no Gênesis de forma generosa: "Noé era homem justo e íntegro entre os contemporâneos e sempre andava com Deus" (Gênesis 6:9). Repare em um detalhe: toda a humanidade estava pervertida e Deus tinha decidido preservar apenas uma família, a de Noé. Isso aumenta o mérito da seleção: Noé foi aprovado no concurso mais duro que já foi imaginado, foi o único finalista entre toda a espécie humana. Uma única vaga e ele a preencheu! Noé e sua família são luzes em um mundo de trevas. Pouco antes da catástrofe, Deus reforça o parecer: "Tu és o único justo que encontrei nesta geração" (Gênesis 7:1). Um justo entre milhões de humanos.

Como será no futuro com Abraão, a característica de Noé é a obediência imediata. Na prática, a crença na palavra de Deus sobre promessas futuras é a fé na maior parte da Torá. Deus manda que ele construa uma arca gigantesca e ele faz. Detalhe: quando o dilúvio inicia, Noé tem seiscentos anos

(Gênesis 7:6), fase em que a maioria dos homens já anseia pelo descanso da aposentadoria. O trabalho da arca durou vários anos. O aviso foi reforçado e preparado. Como nas futuras pragas do Egito, a cólera de Deus é antecedida por claros anúncios, princípio que a tradição judaica chama Hatraá.

A primeira prova do justo é cumprir o plano de Deus na fé. A fé é entrega sem provas. Não há dilúvio e Noé está construindo sua arca. Sua fé implica trabalho e dedicação. A natureza havia sido entregue ao controle dos homens, mas esse controle implicava virtude. Com a corrupção da humanidade a natureza se rebela. O poder do homem sobre o mundo natural foi estabelecido com Adão, mas depende, no mundo bíblico, do uso adequado e virtuoso dos recursos. Desestruturada a ética da humanidade, a natureza se desestrutura também. Começa o dilúvio. É a punição enviada por Deus e o caos do mundo natural.

O primeiro desafio foi construir uma arca gigantesca. Então começava a segunda prova de Noé. Um ano dentro da arca com duas tarefas: harmonizar o convívio de oito pessoas diferentes e o trabalho de alimentar todos os animais. O ato de Noé restaura a natureza e mostra o homem como senhor do mundo criado, mas também como peça na manutenção equilibrada deste mundo. Noé, sua esposa, seus três filhos e três noras recuperam o que tinha sido perdido: o papel de domínio respeitoso do humano sobre os outros seres.

Após essa longa provação, Noé viu as águas baixarem. Ele desceu da arca com a família e ofereceu um sacrifício a Deus. O Eterno recebeu tudo com satisfação e abençoou seu servo. O Altíssimo prometeu jamais usar de água para destruir a humanidade de novo. As chamadas leis de Noé foram enunciadas por Deus, proibindo homicídio, idolatria e outros desvios. Para coroar este momento feliz, estabelece o arco-íris: era o sinal visível da sua aliança com o novo Adão, Noé.

Aqui, chegamos ao ponto mais interessante para nosso objetivo. Noé é o justo perfeito, o homem de fé, o incansável trabalhador de Deus. O Senhor acaba de lhe fazer imensos elogios e lhe dar o mundo lavado do pecado para seu uso. O que faz nosso campeão da virtude? Planta uma vinha e se embebeda. Não bastasse ter se passado no álcool, ainda fica pelado na sua tenda. Sim, o mesmo Noé que foi apontado como o único justo de todo o planeta não resistiu à pressão recente e foi fundo no vinho. No nosso mundo novamente imerso no pecado, um pilequinho depois de um cataclismo global seria algo até virtuoso. Mas Noé não pertence ao mundo do indivíduo contemporâneo autoindulgente. O justo e virtuoso está pelado na sua barraca. Noé "encheu a cara".

A Bíblia não diz, mas a tradição judaica (Midrash) acrescenta que o demônio, sempre astuto, matou quatro animais na raiz da videira de Noé: um cordeiro, um leão, um porco e um macaco. O sangue desses quatro animais penetrou nas raízes da vinha e marcou seu fruto para sempre. O resultado é o efeito do vinho nos homens. Ao beber um copo ficamos como um cordeiro. Somos mais dóceis e sociáveis. No segundo, viramos algo próximo ao leão em audácia e orgulho. Somos invencíveis. No terceiro, assumimos os gestos do porco e rolamos no chão. No quarto copo de vinho, somos um macaco a fazer palhaçadas. Noé, além de se comportar como todos esses animais, ainda ficou nu.

Curioso que a Bíblia não condena a bebedeira de Noé. Seus méritos parecem ter dado um crédito a ele. Seu filho Cam, ao contrário, ao ver o pai nu, é condenado. Cam narrou aos irmãos o fato bizarro, em vez de cobrir o pai. Pior: no Talmude judaico, Cam atacou sexualmente o pai. Essa seria a base real (não descrita na Bíblia) da pesada condenação de Noé ao filho: seria escravo dos irmãos.

Na Bíblia, o ser humano é um mosaico. As personagens oscilam com frequência. O que narramos ocorreu na família modelo escolhida por Deus entre milhões de outras. Pai pelado e bêbado, filho com estranhos impulsos, praga paterna sobre o filho: as mesmas pessoas que, pouco antes, tinham feito um enorme esforço em cumprir a vontade do Eterno. O coração humano tem muitas camadas e o livre-arbítrio permite que cada um opte diariamente pela virtude ou pelo pecado. Essa é a lição dessas personagens.

Bem, parece que o remédio do Dilúvio não foi tão eficaz. Pouco depois, ocorre o episódio da torre de Babel e Deus faz surgir as línguas variadas para que os homens ficassem confusos e fossem punidos pelo seu orgulho. Babel quer dizer confusão. Definitivamente, somos uma causa perdida.

Noé foi um segundo Adão e, tal como o primeiro, derrapou na regra. Vamos avançar para um novo herói da fé: Davi. Sua história já não pertence à Torá, mas está no livro do profeta Samuel.

Há diferenças interessantes. Adão é o único homem que não teve infância. Nasceu adulto, como ainda vemos no teto da Capela Sistina. Noé é chamado por Deus já velho. Abraão também terá sua vocação na maturidade. Apesar de termos detalhes do nascimento de Moisés, já é como homem adulto e casado que o Senhor lhe aparece na sarça. Davi é uma exceção: é um herói de uma vocação juvenil.

Davi é ungido pelo profeta Samuel contra todas as expectativas. O próprio Samuel imagina que o irmão mais alto e forte de Davi, Eliab, será o eleito de Deus. Os sete (ah, esse número) filhos maiores de Jessé foram apresentados ao profeta. Nenhum seria o indicado, mas Davi, que estava no campo, o menor e mais novo. Davi é o menino de cabelos ruivos ungido pelo profeta. O fato é algo perigoso: foi ungido um novo líder e o antigo, Saul, ainda vive e governa.

O menino de Jessé ainda tem uma habilidade: seu dom musical afasta a melancolia do rei Saul. Saul tem depressão e ouvir o jovem Davi tocar a cítara o tranquiliza. O primeiro rei de Israel, sem saber, trouxe para junto de si o segundo rei de Israel. O episódio seguinte é bem conhecido. Davi, o pequeno Davi, enfrenta o gigante Golias. Golias teria algo como três metros de altura. Davi o enfrenta com sua funda de pastor. Confiava que Deus o protegia quando lutou com um leão e um urso que atacavam o rebanho. Assim, armado de plena confiança, ele se apresenta a Saul e pede para enfrentar o gigante. Saul lhe dá a armadura do rei e sua espada. Um episódio que daria quase uma cena cômica: Davi não consegue andar com aquele aparato; não está acostumado. O pequeno menino ruivo não sabe usar roupa de soldado. É um pastor, não um militar. Davi abre mão da roupa de soldado e se arma de cinco pedras de um riacho, sua funda e seu cajado. Tem seu traje de pastor e sua fé em Deus. Golias, ao ver o menino ruivo, pequeno e audaz, ri e promete dar a carne do jovem impertinente aos animais.

O resultado foi uma lição histórica. Davi usa a funda e atinge o gigante Golias com tanta força que a pedra fica encravada na testa do filisteu. Correndo até ele, Davi corta sua cabeça. Os companheiros de Golias, apavorados, saem em debandada e os soldados de Israel promovem grande matança. A fraqueza com confiança em Deus virou força contra a fortaleza que não temia ao Senhor. A fé move montanhas e derruba gigantes.

Lógico, querido leitor, que o depressivo rei Saul começaria a ter inveja de seu musical escudeiro. Todos amam Davi na corte do rei. O povo exalta as vitórias do jovem. Até o filho do rei, Jônatas, inicia uma comovente amizade com o pastor de cabelo avermelhado. Saul, porém, tem inveja de Davi. A inveja corrói o espírito já depressivo do primeiro rei de Israel. Os capítulos seguintes do livro de Samuel narram o choque entre os dois. Nesse atrito, Davi demonstra cada vez mais ética. Evita matar Saul quando tem oportunidade. O velho rei, porém, afunda-se no pecado no intento de destruir o pastor. Ele mata sacerdotes e consulta mortos. O final não poderia ser outro. Deus entrega Saul à espada dos filisteus. O primeiro rei de Israel perde a batalha, os três filhos e a cabeça. O segundo livro de Samuel trata da história de Davi rei.

Davi tem trinta anos quando se torna rei, mas já era um herói bíblico desde a adolescência. É o homem que fortifica Jerusalém, a cidade de Davi. Nela está, hoje, um túmulo simbólico. Davi traz a Arca da Aliança para Jerusalém e manifesta ao profeta Natã sua intranquilidade: ele habita em palácio de cedro, enquanto o Senhor não possui um templo. Mas a profecia é clara: Davi não construirá o Templo, e sim um filho seu.

Davi é o herói escolhido por Deus, o rei-poeta, o governante que dança de alegria à frente da Arca da Aliança. Davi é o nome que a Bíblia associa aos Salmos. Um pastor tirado do rebanho para guiar Israel, tomado pelo espírito do Todo-Poderoso. Davi tinha uma capacidade de lealdade e perdão não comum. Tendo tido mais de uma chance de matar Saul, que desejava matá-lo, não o fez. Elogiou aqueles que deram honras fúnebres ao corpo do seu inimigo. Lastimou a morte daquele que o perseguia. Inquietou-se em morar bem enquanto o Senhor não tinha casa. Ouviu Samuel e ouviu Natã, os profetas do Altíssimo. Davi foi, literalmente, um homem de Deus. Davi foi um homem de Deus, o que significa que, antes de ser de Deus, era um homem.

Está em curso uma campanha militar contra os amonitas. O rei ficou na sua cidade, Jerusalém. O sol cai sobre a cidade dourada e o rei poeta está no terraço. Ele vê uma bela mulher tomando banho. É Betsabá casada com um soldado de Davi, Urias. Davi a deseja e manda trazê-la. Da união ilegal, resulta uma gravidez e um problema. Urias voltará da guerra e sua esposa está grávida. O desejo levou ao pecado e aqui começa uma cadeia de erros.

Como encobrir um erro como este? Como evitar o escândalo? Davi manda chamar Urias da frente de batalha. Seu plano: sob o pretexto de ouvir notícias da guerra, Davi fará Urias ficar uma noite em Jerusalém para, certamente, fazê-lo visitar sua esposa que não vê há meses e encobrir a paternidade. Urias vem, como ordenado. O plano é bom, mas esbarra na virtude e solidariedade militar de Urias: como seus companheiros estão na guerra ele não vai até sua casa e dorme em uma esteira junto aos oficiais de Davi, sem visitar Betsabá. O primeiro plano de Davi falhou.

A cadeia de erros aumenta. Não podendo encobrir a paternidade da amante, o rei manda uma carta a seu general:

deve colocar Urias no pior local da batalha e abandoná-lo. O condutor da carta é o próprio Urias. O soldado fiel desconhece que carrega sua sentença de morte. Como ordenado, Urias foi conduzido à morte. Davi estava livre para tomar a viúva do seu soldado fiel.

O segundo plano funcionou. Porém, Deus que tudo vê, mandou Natã ao rei. O profeta contou uma história comovente e, aparentemente, fictícia. Um rico possuía ovelhas e bois em grande número. Um homem pobre tinha apenas uma ovelha, criada com carinho no lar simples, por ser o único bem da família. Quando o rico recebeu um hóspede, em vez de dispor de um animal seu, tomou a única ovelha do pobre e mandou matá-la para servir ao hóspede.

Davi ouviu a fábula e ficou indignado. Disse que o rico merecia a morte e que o pobre tinha de ser indenizado em quatro vezes. Natã, então, revelou a metáfora: esse homem rico era Davi. Ele tinha muitas mulheres, mas decidiu tomar a mulher de Urias, que só tinha uma. Ele era o pecador. Por isso a espada jamais se afastaria da sua casa e ele seria traído por um filho. Praga adicional: o filho de Davi com Betsabá morreria.

Ao ouvir a revelação aterradora, Davi diz: "Pequei contra o Senhor!" (2Samuel 12:13). A frase é curta. Davi não se explica. Não justifica seu ato errado. Reconhece o pecado imediatamente. Mais: Davi fica no chão e faz um rigoroso jejum. A consciência de Davi é imediata e sua penitência, sincera. A palavra de Deus se cumpre: morre o filho do rei com Betsabá. Ela engravida de novo e, então, nasce Salomão, o rico e sábio terceiro rei de Israel.

O pecado de Davi, a famosa ovelha de Urias, marca uma etapa interessante. Saul ficou empedernido no erro e insistia em fazer coisas que desagradavam a Deus. Davi agiu diferente: reconhece imediatamente que agiu mal. Natã anuncia que o Senhor perdoa seu pecado e, graças a esse reconhecimento, sobrevive e não perde o trono ou a vida. Deus mantém sua palavra e morre o filho do pecado. Davi também enfrenta a rebeldia de outro filho, Absalão, que tenta tomar o trono do pai.

Adão, Noé e Davi. Três homens de Deus. Três pecadores. Os três tiveram problemas com filhos. Caim, Cam e Absalão nascem em famílias piedosas e repletas da palavra de Deus. Mas, como os pais, cometem desvios. Talvez isso seja a maior separação entre o estilo bíblico que não idealiza as personagens como perfeitamente boas de narrativas medievais da vida de santos. As famílias bíblicas são cheias de tensão, acertos e erros; virtudes e pecados. O pecado não é visto como um raio em um dia de céu azul, algo inesperado e excepcional. O pecado é narrado dentro de um processo interno humano, uma clara opção e uma afirmação de liberdade.

Adão ouve sua mulher e segue no ato interditado de tomar o fruto. Caim, homicida, é tomado de inveja do irmão Abel. Deus o adverte: cuidado com o que se passa em seu coração. Noé bebe em excesso e fica nu. Cam não age corretamente com o pai. Davi deseja a esposa de um dedicado soldado e é mandante de um homicídio motivado pelo desejo sexual. Os heróis da Bíblia são desobedientes, inclinados ao álcool, homicidas e tomados de luxúria. São homens normais, próximos a nós. Um almoço na arca de Noé ou no palácio de Davi pode conter todas as tensões de um almoço dominical dentro de uma típica família brasileira do século XXI: amores, intrigas, afetos e invejas. O pecado está tecido firmemente na trama da virtude e o desenho do humano existe com os dois fios, da virtude e do vício. Por detrás das duas escolhas (seguir ou negar a vontade de Deus), a liberdade humana, sua individualidade, o livre-arbítrio, o mistério da escolha e as consequências de cada ato.

Somos heróis trágicos como os homens da Bíblia. Deus, o arquiteto de um plano grandioso, estabelece altíssimas intenções e desenha um roteiro épico de redenção para o Universo. O plano do Todo-poderoso esbarra no desejo de um homem por uma mulher que toma banho. Deus tem de reescrever seu plano por causa de um momento, uma febre erótica, um impulso que um banho frio ou cinco minutos de ponderação teriam superado. A serpente do Éden tinha razão: se comêssemos do fruto proibido seríamos como deuses... O pecado é nossa única criação original. Criar é ser como Deus. Comemos da árvore, criamos o próprio universo, e neste vale de lágrimas chamado mundo, os moralistas são, em essência, os melancólicos da ordem passada. Inocência só se perde uma vez e a nossa foi perdida nas primeiras linhas da Bíblia.

Capítulo 2

As formas da infração e os códigos

Cometi o pior dos pecados que um homem pode cometer.
Não fui feliz.
Jorge Luis Borges

PODE E NÃO PODE

No capítulo anterior, foi dito que os moralistas e os produtores de normas precisam classificar. Uma das maneiras de dominar o mal é nomeá-lo, dizer seu nome e seu grau. No evangelho mais antigo de Marcos, Jesus encontra um homem que vivia possuído por demônios no meio de túmulos. Jesus pergunta: "Qual é o seu nome?" (Marcos 5:9). O mal precisa ser chamado pelo nome.

Os mandamentos dados a Noé e, posteriormente, o código dado a Moisés, são uma maneira de enumerar "pode" e "não pode" para a vida do fiel. Religiões monoteístas, como a judaica, a cristã e a islâmica, são religiões moralistas. Moral produz códigos e decálogos, pois religião também é uma forma de ordem. Crer é ordenar, pelo menos crer dentro de uma instituição.

Tocamos em um ponto no capítulo anterior. Por vezes, o interdito e o código estão na base da elaboração mental do pecado. "Não desejar a mulher do próximo" traz ao que nunca a desejou (é possível supor que tal ser exista) a ideia de que isso seja um fato concreto e talvez seja suficientemente importante para mover a palavra de Deus aos homens. Eventualmente, a interdição pode estimular a imaginação e a vontade, vestíbulos do pecado. Se nunca antes desejei a mulher alheia, agora essa ideia bate à minha porta com insistência.

Há mais de trinta anos ouvi uma história interessante. Um colega de estudos, interiorano, contou-nos um caso da adolescência. Encontrou o termo "bestialidade" proibido, com ênfase, por Deus. Perguntou ao professor do que se tratava. O mestre mandou-o ler o livro de Levítico 18:22-23: "Não terás relações carnais com um animal, manchando-te com ele. A mulher não se oferecerá a um animal para copular com ela, é uma perversidade".

"Pronto. Estava plantada a semente da imaginação perversa", disse ele. Ele jamais imaginara um animal com uma mulher até aquela leitura. Desde que leu esse trecho da Torá, não conseguia mais ver um cavalo, um touro ou outro animal simbolicamente masculino que passava a supor a cena, construí-la na imaginação. Meu imaginativo colega chegou a sonhar, detalhadamente, com a cena. A regra religiosa, no afã de estabelecer um limite ao desejo, tinha plantado um desejo peculiar na cabeça dele. Nunca mais acompanhei seu desenvolvimento pessoal. Não nos vemos há décadas. O que terá acontecido com essa perturbação interna? A regra moral teria criado uma fantasia ou apenas desatado um nó inconsciente que sempre existira? Nunca saberei.

A proibição de pecar não pode ser vaga. Ela implica classificação, pois não basta dizer ao motorista "não corra"; preciso dizer qual o limite de velocidade e quais as punições para o ato de correr. Deixar a noção do erro para decisão individual é diluir o erro na subjetividade do indivíduo. Então, como é natural supor, moralistas e códigos são inseparáveis. Os códigos surgem para que você não customize, não adapte, não conduza seu deus interno a um decálogo só seu.

As regras de Noé e Moisés são os mais famosos códigos iniciais. O código anterior era o mais simples, tinha apenas uma proibição: não comer o fruto proibido. Noé recebe sete regras e Moisés, dez. Parece que elas sempre aumentam em quantidade. Para uma pessoa com informações medianas no Ocidente, o código conhecido é o dos dez mandamentos. Os três primeiros referem-se à relação do homem com Deus: é obrigatório amá-Lo, não tomar Seu nome em vão e guardar o sábado.

Para os judeus, o primeiro mandamento está contido na introdução a esse texto, em Deuteronômio 6:4: "Ouve, ó Israel! O Senhor nosso Deus é o único Senhor." Ouvir é a primeira ordem, e a frase toda é a chamada Shemá Israel. Todo judeu deve dizê-la nas orações da manhã e da noite. Essa frase está em um pequeno estojo nas portas de lares judaicos: a mezuzá. Atada nos chamados filactérios, está junto ao corpo do religioso. Essa é a ordem principal e dela deriva toda virtude. Se eu tiver consciência de que o Senhor é o único Senhor, não servirei a falsos senhores, sejam eles sexuais, políticos ou financeiros. É a frase mais definidora da fé judaica. Se todo o mais desaparecesse, o judeu guardaria este preceito: ouvir ao Deus de Israel, único e poderoso.

Os outros mandamentos, a partir do quarto até o décimo (padrão cristão geral de numeração), constituem normas para as relações entre os homens. Tomando a ordem de

Êxodo 20, o quarto seria honrar pai e mãe. Observe a hierarquia: primeiro Deus e depois os mais velhos. O prêmio por honrar pai e mãe é enunciado: "Para que se prolonguem teus dias sobre a Terra." Se eu honrar pai e mãe, viverei tempo suficiente também para ser honrado um dia. A sabedoria judaica é direta e clara no item esforço e recompensa. Quem ouve a Deus e a seus mandamentos tem vida tranquila neste mundo.

O quinto mandamento interdita matar. Isso cria uma aparente contradição, pois há uma extensa lista de crimes que levam à pena capital na própria Bíblia. Deus manda apedrejar uma grande quantidade de infratores. Deus ordena que a feiticeira não seja deixada viva. Seria uma contradição? Parte desse problema se resolve pelo hebraico, já que Deus interdita, na verdade, assassinar. Assassinar é tirar a vida de um outro ser humano fora do âmbito legal. Há erros que são punidos com pena de morte, prevista para muitos casos, mas executada dentro de um sistema jurídico-religioso conhecido. Alguém pode ser morto, mas não pode ser assassinado. O monopólio da violência pertence aos juízes da lei e da fé. Não posso ser o verdugo autônomo a partir do meu impulso. Assassinar é errado. Matar pode ser previsto.

O sexto tem muitas formas posteriores. Não adulterarás; não pecarás contra a castidade; não fornicarás. As diversas versões, ao longo dos séculos, mostram a transformação na própria noção da sexualidade. O desejo sexual é considerado uma dádiva de Deus dentro de determinados parâmetros. Fora do casamento e do intuito reprodutivo, começam os campos problemáticos e interditos da sexualidade. A importância que damos ao sexo oscila muito na História. Só para dar um exemplo, Dante condena as infrações da castidade ao segundo círculo do Inferno, com ventos eternos e um sofrimento leve. Muito mais fundo e problemático é o pecado da felonia, ou seja, a traição aos superiores e benfeitores, deslocada sua punição para o mais profundo dos nove círculos. No fundo, o Cristianismo medieval elaborava menos a interdição sexual do que o século XIX. A Bíblia trata da sexualidade com caráter mais direto do que o mundo burguês vitoriano.

O sétimo proíbe o furto. Sacralizamos a propriedade. Mesmo que a Bíblia contenha, em seu espectro político, um radical mais "à esquerda", como o profeta Amós, a crítica estabelece o direito sagrado da propriedade privada — "não furtarás".

Em uma sociedade onde a grande prova é o depoimento de terceiros, entende-se a importância do oitavo: "Não darás falso testemunho contra o teu próximo." A mentira que prejudica alguém em juízo é crime grave.

O decálogo encerra com um mandamento que irrita feministas: "Não cobiçarás a casa do teu próximo. Não cobiçarás a mulher do teu próximo, nem seu escravo, nem sua escrava, nem seu boi, nem seu jumento, nem coisa alguma do que lhe pertença" (Êxodo 20:17). Dentro de uma lógica tribal e patriarcal, enumera posses de um homem: casa, mulher, escravos, animais. Pelo modo atual de perceber a sociedade, ele traz dois elementos complexos. O primeiro é a coisificação (reificação) da mulher, algo que não foge ao padrão do mundo antigo, mas que fere ouvidos do século XXI. Outra questão é tornar a escravidão posse natural que sequer pode ser invejada. Dessa forma, o decálogo consagra a prática do ser humano como mercadoria.

As regras estão inseridas em um contexto histórico. O texto tem um momento e uma concepção específica. Nada há de estranho nisso. Ouço muito a pergunta: "Mas eles não têm ideia de que a escravidão é um erro?" Geralmente, respondo que eles também não têm computadores nem aviões a jato. Cobrar de um texto que ele fale com nossa voz, com nossos valores e com o que acreditamos é incorrer no erro mais comum e fatal para um historiador: anacronismo. É tão lógico cobrar relativismo antropológico nas relações de Elias com os sacerdotes do deus Baal, como é cobrar que ele não use *tablets*.

Uma crítica possível seria que a Bíblia, exatamente pela sua pretensão de texto inspirado ou dado por Deus, deveria conter verdades atemporais, acima de momentos históricos. A primeira dificuldade é que nossos valores, sejam muito momentâneos ou mais permanentes, são valores moldados também pela Bíblia. A Bíblia é um molde antigo e histórico e é difícil saber se ela corresponde ou não ao nosso modelo porque, em grande parte, ela formou o modelo. A segunda dificuldade seria considerar que, se o texto que se imagina dado por Deus aos homens fosse completamente divino e pouco inserido no humano, ele teria um defeito estrutural: não seria possível ser lido pelos homens.

Acho que a maneira como um religioso deveria imaginar a Bíblia é como um texto endereçado a um tempo e uma sociedade que sobrevive muito e foi sendo apropriado por outros homens e outras sociedades em outra época. A Bíblia não seria, assim, o texto atemporal, mas o diálogo temporal de Deus com os homens. Sim, a Bíblia tem escravos. Abraão teve escravos. Os escravos existem ao longo de todo o texto. Porém, o texto sagrado é suficientemente longo e amplo para comportar uma negação da escravidão no Novo Testamento. A total unidade do gênero humano é dada na carta de Paulo aos gálatas: "Já não há judeu nem grego, escravo ou livre, homem ou mulher; porque todos vós sois um em Cristo Jesus." (3:28). O mesmo texto que usa escravos ao largo de dezenas de páginas, promove, com esse versículo, um verdadeiro manifesto abolicionista, igualitário e até feminista. Tenho dúvida em dizer se isso seria uma contradição da Bíblia ou o cerne da sua riqueza como fonte.

UMA RUPTURA?

Jesus optou em resumir os mandamentos a dois. Faltando pouco para morrer e respondendo a um desafio feito por um fariseu sobre qual o maior mandamento, ele diz:

> "Amarás o Senhor teu Deus, com todo teu coração, com toda tua alma e com todo o teu entendimento! Esse é o maior e o primeiro mandamento. Ora, o segundo lhe é semelhante: amarás teu próximo como a ti mesmo. Toda Lei e os Profetas dependem desses dois mandamentos".
>
> (Mateus 22:37-40)

Há uma tradição judaica reforçada pelo rabino Hilel (pouco anterior a Jesus) que enfatizava a reciprocidade e o amor. Muitos mestres haviam dito que, se eu entendesse o amor a Deus com toda a minha energia pessoal, não haveria infrações aos mandamentos seguintes. Assim, Jesus anuncia como inseparáveis o amor ao que está acima (Deus) e ao que está ao lado (próximo). Nisso, estaria toda lei (Torá) e os profetas.

O código sintético do Nazareno é sábio e prático. Mas há uma ênfase curiosa nele: o reconhecimento de que o amor, por si, é um parâmetro muito bom, pois devo amar ao outro como amo a mim. Não foi um parâmetro inventado por Jesus, mas aparece na Torá: "Não te vingarás e nem guardarás ódio contra os filhos do teu povo, e amarás teu próximo como a ti mesmo. Eu sou o Eterno" (Levítico 19:18). Nada existirá de mais interessante nesse critério do que saber que somos, por natureza, o maior objeto do amor. Quase poderíamos imaginar Jesus dizendo: "Transforme seu amor por si mesmo no amor universal. Seu egoísmo é o que de mais denso há em você. Use esse egoísmo e inclua mais gente nele!"

No caso do Levítico, esse código ainda é mais interessante, visto que pede para não guardar rancor do compatriota. Com noção forte de povo eleito, muitas regras dos mandamentos judaicos dizem respeito apenas à reação entre judeus, como a proibição de lançar maldição contra outro judeu. O Evangelho, escrito em grego e em ambiente helenizado, com influência da noção universalizante de Paulo de Tarso, eliminaria essa ideia de povo eleito. Sem código alimentar, sem circuncisão e com ética universalizante, o projeto paulino tinha condições técnicas de sair da identidade religiosa nacional do Judaísmo e conquistar o mundo romano. Curiosamente, tudo isso foi feito pregando os princípios judaicos e a ética básica do Antigo Testamento.

Sob determinados aspectos, podemos dizer que o carisma da pregação de Jesus é o domínio da compaixão e do amor sobre o texto. De novo, o rabino Hilel, o cabalista de época de Herodes, o Grande. Estamos falando dos anos próximos ao nascimento de Jesus. A influência da escola de Hilel é ainda maior se levarmos em conta que seu neto, Gamaliel, foi professor de Paulo de Tarso, ou seja, do maior autor do Novo Testamento. É de Hilel a frase que, adaptada, está na boca de Jesus: "Não faças aos outros aquilo que não gostarias que te fizessem a ti. Essa é toda a Torá, o resto é comentário; agora ide e aprendei." A chamada "regra de ouro" é um ponto de contato entre várias propostas religiosas e foi transformada em um famoso pôster de Norman Rockwell (1894-1978). Existe, com variadas redações, na Torá, nos Evangelhos, no Corão e nos textos sagrados das grandes religiões em geral.

Um mandamento que estabelece uma regra de tolerância universal é muito interessante. Por que tolerância? Poderíamos usar a palavra compaixão, mais religiosa. Poderíamos radicalizar e chegar ao amor universal. Amar como a si mesmo. Ver no outro a si para encontrar no outro a Deus. Todas as variações históricas do Cristianismo colocaram esse princípio como meta e todas elas, em algum aspecto, deslizaram para seu oposto. Como explicar isso?

Um alienígena que olhasse à distância estelar o desenvolvimento dos Cristianismos, diria que eles são um fracasso em relação à síntese que Jesus deu para os mandamentos. Amar ao próximo como a si mesmo? A Inquisição católica, a carta de Lutero recomendando matar os judeus, os calvinistas enforcando supostos feiticeiros em Salem: a história cristã é, basicamente, uma história de crimes. Acima de tudo, é uma história institucional de negação da solidariedade e da compaixão. O alienígena teria apoio amplo entre ateus e antirreligiosos deste planeta.

Vamos adensar a reflexão e ajudar nosso hipotético observador. Os fenômenos religiosos vão um pouco além disso. Seria curioso notar que, em muitos sentidos, a crítica às instituições religiosas e seu passado intenso e comprometedor é, basicamente, uma crítica religiosa. Como? Estou acusando de incoerência, de não fidelidade à mensagem, de fascinação pelo poder e pelo benefício mundano. Essa é a crítica de Jesus aos fariseus e saduceus. Os ricos saduceus seguiam seu bem-estar e não a Deus. Os fariseus impunham regras rígidas aos outros e seguiam uma vida de incoerência. O alienígena estaria fazendo, em essência, uma crítica de base moral e religiosa às religiões.

Você já pensou que o demônio é um poderoso auxiliar de Deus? Assim ele é visto no Judaísmo. O Cristianismo, em geral, deu mais poder ao arcanjo decaído. Mas pense comigo: se tenho uma empresa rival à sua e luto contra você, por que eu deveria punir os infratores que não cumpriram as regras da sua empresa? Se o demônio fosse, de fato, um ser malévolo, ele daria prêmios aos adúlteros, ofereceria delícias eternas aos ladrões e cumularia de honras a prostituição. Isso perverteria o código. Ora, unir o pecado em inferno eterno é dizer que Deus está correto e seu código é maravilhoso. O preço da infração é terrível. O cumprimento da lei é reforçado pelo Judiciário. O demônio é o Judiciário de Deus. Amar a Deus sem temer o castigo é o desafio a que Teresa d'Ávila se propôs. Continua sendo um genuíno desafio. O texto que se atribui a ela (ou a São João da Cruz ou outro) é este, já traduzido livremente para o português:

Não me move, meu Deus, para querer-Te
O céu que me tens prometido,
Nem me move o inferno tão temido
Para deixar por isso de ofender-Te.
Tu me moves, Senhor, move-me ver-Te
Cravado em uma Cruz e escarnecido,
Move-me ver teu Corpo tão ferido,
Movem-me tuas afrontas e tua morte.

Move-me, enfim, o teu amor, e de tal maneira,
Que a não haver céu, ainda Te amara,
E a não haver inferno Te temera.

Nada tens que me dar porque Te queira,
Que se o que ouso esperar não esperara,
O mesmo que Te quero Te quisera.

O DRAGÃO DE SETE CABEÇAS

Há pecados que geram outros. São pecados capitais, palavra derivada de cabeça em latim (*caput*). Quer dizer que, a partir deles, surgem outros. Poderiam ser chamados, mais poeticamente, de pecados-sementes, pois germinam com frutos abundantes: os vícios.

Já afirmei que a moral se esforça em classificar. O primeiro passo de controle (e toda moral é uma forma de controle) é a tipologia. O comportamento humano é pouco afeito a regras fixas e tipologias e, exatamente por isso, tem de ser domesticado e padronizado no vício e na virtude. Desde cedo, a igreja cristã elaborou listas de pecados capitais. Elas mudaram ao longo dos séculos. Apenas para dar um exemplo, o pecado da melancolia foi se transformando para virar o pecado da preguiça. Melancolia é vaga como expressão. Com a ascensão do valor do trabalho, preguiça passou a ser mais clara e específica. A melancolia também era chamada de acédia (ou acídia), palavra que remete a torpor, indiferença e abatimento. Preguiça é bem mais direta: falta de vontade de fazer algo que deve ser feito, especialmente trabalho.

A melancolia é um pecado, claro. Tristeza demonstra pouca compreensão do plano de Deus. Melancolia não combina com Evangelho, em grego, boa-nova. Se é boa, enche de alegria a alma do fiel. Melancolia é recusa em compartilhar do alegre amor de Deus. Porém, como já foi dito, a melancolia foi ficando vaga. Um mundo cada vez mais burguês necessitava de uma especificidade. A melancolia deu lugar à preguiça.

Para que todos se lembrassem da lista, a Igreja Católica criou uma palavra mnemônica, ou seja, uma palavra que ajuda a recordar. A palavra é SALIGIA. As letras partem dos pecados em latim. O S é de *superbia* (soberba, orgulho); o A, de *avaritia* (avareza); o L, de *luxuria*; o I, de *invidia* (inveja); o G, de *gula*; o I, de *ira*; e o A, de *acedia* (a já citada acédia ou preguiça). Também foi comum representar essa lista com animais: um sapo para a avareza; cobra para inveja; leão para ira; caracol para a preguiça; porco para a gula; cabra para a luxúria e um pavão para o orgulho. Sete pecados, sete animais e uma palavra para a arte mnemônica: SALIGIA.

Tratam-se de bons recursos didáticos. Reforçam a recordação e ajudam no combate. Um grande especialista no controle dos defeitos, Inácio de Loyola (1491-1556), recomendava nos seus Exercícios Espirituais que cada pecado particular fosse anotado e depois, em exame de consciência, fossem recordadas as vezes em que ele foi cometido, comparando-se um dia com outro para ver se o número estava diminuindo ou crescendo. Essa quantificação minuciosa do pecado é uma estratégia típica da espiritualidade moderna e das ideias práticas do basco Inácio para controle. De forma mais poética, ele dizia: "*Non coerceri maximo, contineri tamen a minimo, divinum est*"; que, em tradução não literal, pode ser lido como: "Não temer o grandioso, contudo ater-se também ao pormenor, é divino." Ninguém foi mais divinamente fixado em pormenores do que Inácio de Loyola.

A PEDRA FUNDAMENTAL: O ORGULHO

Lúcifer foi o pai do orgulho. Era belo, o portador da luz: Luz--cifer. O mais belo de todos os arcanjos; admirava-se. Ele jamais entendeu que a única beleza possível é Deus e que a beleza de cada um é um dom a serviço. Lúcifer achou-se bonito ao espelho, a superfície polida e reflexiva mais a serviço do demônio.

A Bíblia não conta, mas uma tradição afirma também que Deus, ao criar o homem, chamou todos os outros seres celestiais para admirarem e louvarem a obra. Anjos, arcanjos, tronos, dominações, potestades, querubins, serafins, virtudes e principados chegaram para o comando divino. Festa nas hostes celestiais: a legião acorre, transbordando de júbilo e cantando louvores a Ele, que tudo faz, tudo vê e tudo pode. Rufar de asas e farfalhar de vestes, clangor de espadas: dia carregado de aleluias. Porém, nem todos compartilharam o clima do momento. Lúcifer, que já sabemos o mais belo, fez muxoxo. Seu desdém era compreensível: se ele, que era formoso, alado e imortal, não era venerado, por que deveria louvar a uma obra inferior a ele? Lúcifer foi atacado pelo orgulho. Começava a pesar, com o chumbo vaidoso, o coração angélico. Era o princípio de uma sedição.

Lúcifer, o vaidoso, enfrentou a Deus. A Bíblia também não fornece detalhes da guerra. Uma tradição medieval fala que ele inspirou um terço das legiões dos céus. Um terço dos anjos seguiu o novo líder e tentou criar uma nova ordem. Ousou pensar-se mais com seu orgulho. Curiosamente criou um ser único, capaz, na sua sanha individualista, de separar-se da comunhão com Deus. O arcanjo rebelde é, a rigor, o primeiro ser autônomo na Criação.

Para enfrentar o arcanjo cada vez mais destituído da graça, Miguel lidera um exército poderoso. Seu nome significa "quem como Deus" (ou "quem poderia ser como Deus é?"), é a forma bela de dizer que contra seu opositor sua pretensão é inútil... e orgulhosa.

A batalha foi vencida pelos anjos fiéis. Eram superiores numericamente e contavam com a logística onisciente de Deus. Por que um ser inteligente como Lúcifer enfrenta uma guerra que não pode vencer? Lúcifer sabe que o poder de Deus é maior que o seu. A resposta é parte da essência do pecado, de todo pecado, mas do orgulho em particular.

Há um tipo de erro ou de pecado mais inconsciente. Sei, pelo menos em algum lugar sei, que agir de um jeito errado implica risco, mas faço. Talvez eu aposte no caráter aleatório do erro e pense que sim, fumo ou dirijo em alta velocidade, mas pode ser que não ocorra nada. Em geral, quando somos mais jovens, somos ou mais otimistas ou mais cegos na crença da nossa invulnerabilidade. O envelhecimento nos torna mais covardes. Temos mais medo dos riscos e da dor causada por ações perigosas. Esse medo, geralmente, é chamado de virtude.

Não é esse o caso de Lúcifer. Ele não se rebelou porque acreditava que poderia vencer. É uma batalha perdida desde sempre. Não existe vitória na agenda do pecador. Porém, rebelou-se mesmo assim e, de sobra, ainda levou um grupo com ele. Foi pecador e foi carismático. Assumiu a soberba e a liderança. Tombou com o peso da sua vaidade. Jesus diz que viu Satanás caindo do céu como um relâmpago (Lucas 10:18). Antes de Jesus, Isaías comentava o mesmo fato: "Como caíste desde o céu, ó Lúcifer, filho da alva. Como foste cortado por terra, tu que debilitavas nações" (Isaías 14:12).

Aqui está uma parte fascinante do pecado. No plano cósmico e eterno, por que um ser inteligente como Lúcifer começa uma empreitada sem chance de êxito? No plano cotidiano e banal, por que eu como o que não devo, ou fumo, ou enfrento uma briga de trânsito? A resposta tentadora e fácil sai na hora: porque é bom. Bacon frito é melhor do que alface. Rebelião dá mais adrenalina do que submissão. O gosto do prazer imediato nubla a perspectiva do futuro. Peco porque erro o tempo: aposto no aqui e agora e desprezo o futuro distante. Miopia cronológica? Talvez.

Lúcifer ficou associado a um dragão ou a uma serpente. A força máscula de Miguel foi destacada na arte. Miguel é o arcanjo fiel; Lúcifer, o rebelde. Mas o insubordinado está mais próximo da humanidade do que o fiel.

Há uma sedução no erro e isso explica parte de nossa insistência nele. O erro, como já disse, é uma individuação, é um procedimento de afastar minha consciência da consciência de quem manda. Pintar fora da linha é dizer que sou mais forte do que a linha. Borrar é ousar. Ousar é viver como indivíduo. Nosso século, mais luciferino do que qualquer outro, ama a ousadia e a transgressão. Parte da mitologia do empreendedor é luciferina. O enquadrado, o fiel, o cumpridor de regras é uma "vaquinha de presépio", outra metáfora bíblica. A vaquinha de presépio está lá, cumpre bovinamente sua função estática de compor a cena. Lúcifer alterou a história.

Aqui tocamos no orgulho de novo. Séculos de tradição, toneladas de autoridade, uma linhagem de código se, de repente, não mais que de repente, o indivíduo diz o contrário. Qual a base disso? Eu digo, simplesmente, que do meu jeito é melhor. Eu sou superior a todos os mestres e regras. Fui além do cânone. Meu nome é Galileu, ou Picasso, ou Lúcifer, ou qualquer um que transgrida. De onde nasceu a centelha da transgressão? Claro, do meu eu e da minha crença nele. Humildade abaixa a coluna em mesura à tradição. Orgulho ergue a testa do vaidoso acima dos outros. Dizemos que o orgulho cega. Talvez fosse melhor dizer que o orgulhoso não fica incapaz de ver o mundo, apenas passa a ver a si, como se os olhos se invertessem e, em vez de comunicar ao cérebro o que está do lado de fora dele, comunica o que está dentro. O resultado pode ser o desastre absoluto ou a mudança de paradigma, o fim do orgulhoso, sua queda espetacular ou o reconhecimento da sua genialidade.

A vaidade inaugurada pelo arcanjo é um dos pecados mais irritantes. Por quê? Porque passa por cima da *minha* vaidade. Odeio o pavão que se exibe (o pavão é um dos símbolos da vaidade) porque a cauda dele é maravilhosa, ele não se interessa pela minha e, acima de tudo, eu é que gostaria de abrir minhas plumas ao sol. A vaidade alheia é apenas o preâmbulo da minha inveja. Gosto dos humildes porque sou vaidoso e os humildes respeitam meu brilho, meu espaço e meu poder. Odeio os vaidosos porque sou vaidoso e eles não permitem que eu brilhe. "Vaidade de vaidades, [...] tudo é vaidade", diz Salomão, idoso e mais sábio do que nunca (Eclesiastes 1:2). Lúcifer abriu um rio que inaugurou um vasto oceano humano. Estamos todos afogados em vaidade.

O gesto de Lúcifer, como o de Adão, representa uma rebeldia inaugural. Rebelar-se contra um professor? Banal. Atacar a ordem de um síndico? Quase uma obrigação. Desrespeitar um governo? Pode até ser um ato de cidadania. Ir contra a ordem do universo estabelecida pelo Eterno e Todo-poderoso Deus? Isso sim que é rebeldia. O resto é bobagem...

Talvez haja uma admiração velada por isso. É a ambiguidade do verso de Milton, em *Paraíso perdido*, que volta à mente: é melhor ser senhor do inferno do que escravo no Paraíso. O inferno é o campo do sofrimento, da matéria, da sombra. O inferno pode ser escaldante (como em várias metáforas) ou gelado (como em Dante, então um europeu, para quem o frio é o grande sofrimento). Mas é meu espaço, onde sou rei, onde minha vontade manda, pensaria Lúcifer. Os Campos Elísios dos bem-aventurados já têm dono. Lá sempre haverá um Senhor maior do que eu. Lá a onipotência de um, do UM, ofusca toda luz. Quem poderá brilhar diante da Luz eterna e fulgurante de Deus? Quem poderá ser diante do SER?

Lúcifer preferiu abandonar o cargo importante da maior multinacional de todos os tempos e abrir um pequeno, modesto, sombrio, mas próspero negócio. Lúcifer é o primeiro empreendedor de todos os tempos. Miguel, o arcanjo poderoso e vitorioso, é o que repete a ordem do sócio majoritário. Miguel agradaria menos ao Departamento de Recursos Humanos alinhado com a inovação. Poderoso, mas comum; imponente, mas sem iniciativa própria; cheio de energia, mas carece de carisma e de liderança. Na arte, o arcanjo Miguel, vestido de centurião romano, pisa na cabeça orgulhosa de Lúcifer. A cena mostra a humilhação do rebelde. A tradição deu vitória a Miguel. A história dos corações humanos mostrou que Lúcifer era o verdadeiro visionário. Lúcifer é o "pai da mentira", mas, convenhamos meu devoto leitor, isso pode ser propaganda da concorrência.

VAIDADE DAS VAIDADES, MESMO NO DESERTO

Somos vaidosos, já disse o Eclesiastes. Mas todos nós seremos? A vaidade será um elemento universal mesmo? Eu, que escrevo sou evidentemente vaidoso, ou não escreveria. Talvez alguém que me leia sinta a vaidade de ser leitor, contra tantos que não o são. Fácil me reconhecer vaidoso, mas isso seria o mal de todos?

Vou tomar uma tradicional história cristã. Antão (Antônio) ouviu a voz do Evangelho aos vinte anos de idade, quando o Cristianismo ainda era ilegal no Império Romano, no terceiro século. Renunciando seus muitos bens terrenos, virou um homem místico no deserto próximo ao Egito. Passou mais de oitenta anos em jejum, penitência, oração e êxtases diante de Deus. Sua vida foi descrita por Atanásio de Alexandria, analisada pela pena irreverente de Flaubert, pintada por gênios de Bosch, Brueghel, Veronese, Parentino e Dalí, entre muitos outros. Sua luta virou filme e ópera. Antão foi uma luz da primeira Igreja que iluminou os séculos seguintes. Morreu aclamado como santo, aos 105 anos de idade.

Façamos uma reflexão no caminho de Flaubert e Atanásio, desenvolvendo (ou deformando) suas intenções. O centro da narrativa de Santo Antão do deserto é sua resistência ao demônio. Intuindo, talvez, que ele seria tão grande no futuro, o pai da mentira dedicou ao monge anacoreta todo o seu empenho. Antão sofria com tentações de castidade. Na obra de Flaubert (que havia visto o quadro de Brueghel), até a rainha de Sabá, a mítica mulher que seduziu Salomão, foi até Antão. A atenção do mundo infernal a esse homem excedia a média. O monge do deserto virou um *case* da escola demoníaca.

Antão se concentrava no seu crucifixo e eis que o corpo sofrido do Redentor era transformado em uma mulher nua a sua frente para distraí-lo. Antão deitava sobre uma esteira no chão, sem nenhum conforto, renunciando a tudo. Sob a esteira, surgiam as mais tentadoras mulheres que a imaginação de Satanás poderia conceber. Podemos supor que o demônio, conhecedor da natureza humana e da psicologia de Antão, indicava a sedução da luxúria na forma mais adequada para provocar a queda do pobre penitente. Preferia Antão, talvez, mulheres mais cheias ou com seios notáveis? Ali estavam. Inclinavam-se os hormônios do monge a mulheres de olhos e lábios penetrantes? Eis que pululavam tais fêmeas. Antes da sua renúncia, anterior aos seus vinte anos, tinha Antão festejado com egípcias de quadris com cadência oscilante e notável? Elas voltavam com a ilusão do rei do inferno.

Imagine o leitor seu objeto sexual mais desejável? O que está nos seus sonhos mais secretos? Que corpos habitam seus delírios e anseios inconfessáveis? Lá estavam, exatamente assim, com essa forma e fáceis, ao alcance da mão e desejando esse toque. Imagine ainda, leitor, que isso ocorreu ao longo não de uma semana, mas de décadas. E, notável alma de aço do santo, nunca caiu em tentação. Fazia um sinal da cruz, invocava o nome de Deus, virava-se à visão e prosseguia firme na decisão de servir a Jesus. Importante dizer: estamos na passagem do terceiro para o quarto século e, faltando mais de um milênio para o nascimento de Sigmund Freud, renunciar ao sexo era virtude, e não sintoma patológico. Não "psicanalisemos" o bom Antão. Sua personagem não comporta esse anacronismo.

Claro, se Antão morreu com 105 anos, vamos supor lícito que a tentação da carne deixasse de ser heroica, digamos, aos 75 anos? Acalmava-se a carne de Antão. Aguavam-se seus hormônios? O desejo virava memória? O diligente demônio variou. Oferecia imagens de comidas maravilhosas. A fome continua até a morte, quando calam todos os outros desejos. Jejuava Antônio na quaresma e pulavam as comidas mais tentadoras e com cheiro inigualável. Podemos também supor que, no auge do jejum, na Sexta-feira Santa, Antão era apresentado aos pratos mais bonitos e com o desejo mais forte. Também nesse campo não cedeu nosso herói da fé.

Não conseguindo fazer o santo pecar contra a castidade ou contra seus jejuns, o demônio enceta nova tática: a distração. Intensamente concentrado na sua oração, o pobre monge era levado ao ar por vários demônios e jogado em queda livre para ser amparado logo em seguida. Bastava decidir entoar um simples Pai-Nosso, para que sua montanha-russa demoníaca começasse. Levado para lá e para cá, em seus trajes esfarrapados de penitente, Santo Antão continuava santo. Nada, absolutamente nada o demoveu do seu propósito e da prática santa da penitência. Sua concentração superava todo o mar de ritalina que hoje banha as praias da falta de atenção de crianças e jovens. Não ocorreu ao demônio introduzir Antão em uma rede social, havia que se respeitar a cronologia. Essa artimanha diabólica teria de esperar um pouco.

Mais de oitenta anos de esforços demoníacos intensos. Antão era um caso único: um homem para todas as estações, um cristão de fé. Estariam errados os céticos que afirmavam que o único cristão do mundo morrera na cruz? Já haveria um par, ao menos, desses homens notáveis acima da própria natureza humana: Jesus e o próprio Antão? Talvez tenha sido esse o pensamento de Lúcifer. Ele arrastava multidões ao seu domínio. Seu fascínio seduzira um terço dos anjos. Se o olhar de Lúcifer podia seduzir um ser celestial e criado de pura matéria divina, quanto mais esta humanidade decaída, os gementes filhos de Eva feitos de barro, estes homens que fornicam, pecam, que choram e quebram todos os votos. Era uma questão de honra.

Há dois finais para essa história. Um que o exalta até o fim e mostra como resistiu a tudo. Um santo de energia acima do humano. Um herói da fé. Esses são os finais das narrativas de santos. Talvez, por isso mesmo, as histórias de santos sejam tão sedutoras e tão longe de todos nós.

Gosto mais de outra que amplio, a partir de Flaubert. Perto da sua morte mais que centenária, Antão ainda resiste às investidas do pai da mentira. O demônio tentara de tudo, mas tinha sido derrotado em cada esforço criativo infernal. Por fim, caso único na história, Lúcifer anuncia sua desistência. Aparece a Antão e diz que irá se retirar daquela caverna onde desperdiçara oitenta anos de estratégias e magias. O velho sente uma curiosa sinceridade na expressão demoníaca. Satanás se vai. Antão se ajoelha, humilde, e agradece repleto de piedade diante do crucifixo: "Obrigado, Senhor, finalmente me tornei um santo." O demônio ouve a oração e volta, sorridente. Antão fora vencido pelo pecado do orgulho dele mesmo, orgulho da sua virtude, da sua santidade. O mesmo pecado que derrubara Lúcifer, só que agora travestido de humildade. O orgulho do bem: a vaidade da mulher virtuosa que olha para a adúltera; o sentimento de superioridade do político honesto diante do colega corrupto; o desdém vaidoso do aluno que estudou ao observar o colega que pratica fraude em uma prova. Há algo de profundamente vaidoso na virtude. O orgulho é, de longe, o primeiro e mais universal pecado. Sinta-se bem, leitor, Antão foi tão mais longe na estrada da virtude e tropeçou nessa pedra quase invisível. Nós que somos tão menos...

O pecado do orgulho associado à santidade é bem ilustrado nessa versão da vida de Santo Antão. Mas um acontecimento menos conhecido da vida de Francisco de Assis merece também ser narrado. Todos conhecem a história do jovem *playboy* da Úmbria, rico e bonito, que um dia abandonou todo o conforto da casa do pai e todo o luxo e prazer das festas e se jogou de cabeça na vida religiosa. Francisco tornou-se um dos mais populares e românticos santos da Igreja Católica. Sua vida transbordou os limites corporativos e alguns não cristãos manifestam admiração pelo "poverello", o pobrezinho de Assis.

Já tendo muitos seguidores e com certo reconhecimento, Francisco poderia sentir-se feliz. Fundara sua ordem no amor à pobreza e à simplicidade. Pregara o Evangelho sem pompas retóricas e vivera de acordo com esses princípios. Mas... O crescimento de uma instituição escapa um pouco ao controle do fundador. Francisco percebia que a nova geração de frades não era mais tão amante da pobreza. Alguns luxos se insinuavam aqui e ali. Bibliotecas surgiram nos conventos. Superiores começavam a comprar terras para que a obra franciscana ficasse mais bem assentada. O carisma do fundador já começava a se perder com Francisco ainda vivo. A erva daninha do cotidiano sufocava a semente do despojamento absoluto.

O santo começou a entrar em profunda depressão. Por que lutara tanto? De que servira sua luta abnegada pela vida nos moldes do Evangelho? Sua dedicação aos leprosos, sua vontade de conquistar os corações de não cristãos, suas orações acompanhadas de êxtases, seus jejuns prolongados e sua poesia despretensiosa louvando as criaturas de Deus? Tudo parecia irrecuperável e inútil, pois sua obra se perdia já agora, imagine-se dali a duzentos ou quinhentos anos? Seu sonho parecia, agora, uma utopia, uma quimera, uma perda total de sentido.

A alma de Francisco pesava como nunca. Sua fé mancava. A certeza do futuro, base de toda fé, estava abalada. O santo recorreu à sua mais ardorosa seguidora. A bela Clara era de uma família muito rica e de uma beleza espantosa. Tal como Francisco e por ele inspirada, fugiu de casa e se dedicou à vida de oração e penitência. Clara era uma freira com votos emitidos, cabelos cortados e a alegria de nada ter neste mundo e tudo esperar no outro.

Francisco foi se abrir com a amiga Clara. Ele a tinha inspirado uma vez e, agora, tinha suposto que ela poderia ajudá-lo a redescobrir sua vocação. A alma de Francisco sucumbia diante da dúvida sobre valor e o sentido do que fizera. Foi assim que Francisco procurou a doce Clara: choroso e melancólico. A bela Clara, agora de hábito e véu, ouviu seu guru. A situação se invertia. Era Francisco o discípulo angustiado. E o ex-jovem rico expôs suas dores por muito tempo. A ex-jovem rica nada comentou. Apenas ouviu e ouviu e ouviu. Quando o cálice da dor do santo já tinha se esgotado e derramado, quando tudo tinha sido dito entre lágrimas e suspiros, quando nada havia mais a narrar, Clara, enfim, falou: "Francisco, querido pai Francisco, o problema é que você ainda não é pobre..."

Silêncio na sala. Clara e Francisco estavam acompanhados como mandava a santa etiqueta das visitas piedosas. Os acompanhantes se espantavam. Como Clara poderia dizer isso a um homem que andava maltrapilho há anos, só comia ervas, dormia no chão e nada tinha em seu nome? Como dizer que não era pobre um homem que havia aberto mão de rica herança do seu pai, Pedro Bernardone, e que havia proclamado, nu, que agora poderia rezar: "Pai Nosso, que estais nos céus", pois já não tinha outro Pai a não ser o celestial? Mas Clara ignorou o espanto geral e o silêncio constrangedor. Após pausa breve, explicou-se: "Querido Francisco, você se tornou pobre no sentido material. Você abriu mão das coisas de fora, dos bens, das roupas e da segurança das posses. Mas ficou apegado a um bem: seu legado e sua obra. Sua dor é a dor de quem quer deixar um bem para os outros, a ordem santa e pobre. Isso, querido Pai Francisco, é vaidade e orgulho de propriedade. Tudo foi dado aos outros, menos o orgulho do seu nome e da fama da sua obra."

Francisco olhava admirado para as palavras da discípula. Nunca havia pensado que sua dor, como toda dor, tinha algo de narcísico. A depressão que enfrentava não era a dor religiosa de ter agido em vão, mas a dor do orgulho ferido, da vaidade, a mesma de Lúcifer. O demônio havia se orgulhado da sua beleza extraordinária; Francisco se apegara à beleza da sua ordem Franciscana. Ambos cometeram o mesmo pecado.

Foi uma iluminação, uma epifania, uma manifestação do divino para ele. Sim, tinha se apegado a um bem e precisava abrir mão dele. Nada possuía e nada levaria deste mundo, nem a esperança de que sua obra frutificaria. Essa era a verdadeira pobreza, aquela que não se apega nem à própria virtude. Francisco estava pronto para partir, pobre de fato, e não apenas pobre por não ter bens materiais.

A vaidade é sempre mais insidiosa do que parece. Lúcifer, Antão e Francisco: três seres muito especiais que, de alguma forma, foram traídos pelo orgulho.

O primeiro pecado capital é o orgulho. É uma forma de idolatria, pois atribuo a um ser criado (no caso, eu) um valor em si. Venero uma criatura e não venero ao Criador. É um bezerro de ouro, a imagem que o povo hebreu adorou ao fraquejar na sua fé. É o primeiro e mais vasto pecado e um que entra em todos os outros. Há orgulho em todos os pecados e também na maioria das virtudes.

Os budistas, que negam a existência de um Deus criador e direcionador de tudo, e negam uma alma imortal, acham que o orgulho e o apego do eu aos seus valores é um dos pontos de maior dificuldade na iluminação do ser.

O orgulho atravessa toda a Bíblia. Jacó luta com um anjo/Deus. Moisés se enfurece e mata um egípcio. Jonas lamenta que uma cidade não será destruída como ele anunciou. Ele queria que toda Nínive fosse exterminada para que sua palavra de profeta tivesse validade. Recebeu uma lição de misericórdia. Talvez seja a grande lição da Bíblia. A vaidade orgulhosa paira sobre todos.

Arrogantes são desprezados por Deus. Mas a virtude pode esconder essa serpente, se o virtuoso não entender que age bem porque assim Deus o inspirou e ele aceitou essa orientação.

Podemos encerrar esta mirada orgulhosa com uma reflexão que só um não religioso poderia fazer. Imagine uma pessoa que lhe dissesse querer ser a única pessoa da sua vida. Imagine que essa pessoa ameace destruir, matar mesmo, qualquer outra pessoa ou mesmo você se olhar para outra. Imagine que essa pessoa usa a palavra com certo orgulho: sou ciumento! Suponha que essa pessoa estabeleça normas e mate, literalmente mate, quem não ficar adequado a elas. Imagine que essa pessoa lembre a você sempre e de forma obsessiva, todo o bem que ela fez a você. Tudo o que ela deu seria lembrado muitas vezes. Essa pessoa só se referiria a si como a melhor de todas e que tudo o que ela faz é correto. Você não acharia essa pessoa insuportavelmente orgulhosa? Não imaginaria que ela está cheia de si? Que seu orgulho a torna autoritária, violenta e até assassina? Bem, eu acabo de descrever Deus no Antigo Testamento... Sábias palavras de Salomão: vaidade das vaidades, TUDO é vaidade.

Capítulo 3

O pecado envergonhado

Tu, de quantos dragões o Inferno encerra
És o pior, Inveja pestilente!
Morde a virtude, ao mérito faz guerra
Teu detestável, teu maligno dente.
Manuel Bocage

Comecei falando do mais fundamental de todos os pecados, o pecado-pai de todos os outros: o orgulho. Praticamente tudo o que quebra as normas da moral estabelecida nasce desse sentimento. Vimos essa ambiguidade de tal forma que poderíamos dizer que o orgulho quebra as normas estabelecidas pelo grupo grande porque colocamos a regra do menor grupo possível: nosso eu. Roubo, mentira, fraude, violência e tudo o mais nasce de alguma forma a partir do meu interesse sobreposto ao interesse dos outros.

O orgulho é uma opção que gera todas as outras opções. Uma mãe abnegada (nem sempre isso é um pleonasmo) que em uma crise econômica decide abrir mão do seu pão para que seu filho coma, uma mulher que ignora o anseio da fome pelo amor maternal, é um ser capaz de um amor extremo. Porém, no fundo dessa alma materna, existe o orgulho de ter feito isso, de ser boa mãe, de se dedicar ao outro mais do que a si. A certeza de que é um ser maravilhoso talvez alimente mais do que o pão ao qual ela renunciou.

Mas é preciso falar de um pecado que não é o centro do nosso sistema, mas que ocupa um espaço estranho, a inveja. Que espaço seria esse? Todas as nossas falhas geram, em algum lugar, um sentimento de vaidade. Se sou cheio de ira, se transbordo de luxúria, se meu ser vive para a gula, em algum lugar, algo diz que isso é bom. Há sempre orgulho na capacidade do mentiroso, na habilidade do adúltero e nas estratégias violentas de demarcação de espaço de alguém inclinado à ira. Um avarento é capaz de dizer: "Eu sou é prevenido, não esbanjo, os que gastam muito é que ficam com dificuldades." O orgulhoso pode dizer que se trata de autoestima, e, invocando o princípio vazio e idiota de toda autoajuda, pode desferir a sentença: quem não se ama não pode amar ninguém. Todo defeito comporta uma vontade de se diferenciar e um amor à sua maneira de ser. Um defeito me distingue como indivíduo e me torna especial. Assim, os pecadores chamam a seus deslizes de idiossincrasias, algo que os torna como são.

Mas... Há um lado escuro do universo dos defeitos. Existe uma forma de ser que se esconde nas dobras da alma. É um monstro noturno, sorrateiro, de olhos brilhantes e melancólicos. É o demônio da inveja. A inveja é um pecado envergonhado. Há quem bata no peito e diga que vive para o sexo, ou para a comida, ou para a vaidade estética. Mas, confesse meu caro leitor, você já encontrou alguém que diga que é muito invejoso? Já esbarrou com uma pessoa que reconheça que não pode ver a felicidade alheia que já cai em dor mortal como todo invejoso? Acho que não, e já veremos o motivo.

Antes de desenvolver a estrutura envergonhada da inveja, seria bom fazer uma distinção. A inveja é, com frequência, confundida com a cobiça. Cobiçar é desejar aquilo que outra pessoa tem. Quando quero o carro, a casa, a roupa, o corpo ou a esposa ou o marido de alguém, estou cobiçando. O mandamento fala sobre não cobiçar a mulher do próximo. Não há uma advertência sobre inveja no decálogo, de forma direta, mas um interdito para a cobiça. Querer algo que outro tem pode gerar roubo, destruição ou outros males. Cobiçar, como já mencionado, é querer e até avançar sobre o que pertence a outro.

A inveja é algo mais sutil e venenoso. Invejar é ter dor pela felicidade alheia. O que me incomoda não é, exatamente, o que o outro tem, mas o quanto ele é feliz com isso. Não quero a casa do outro, mas fico incomodado como ele vive bem nela. Não invejo o corpo em si, mas o sucesso que o corpo dele faz. Não quero ter o que você tem, mas me perturba mortalmente que você o tenha. A inveja é diferente da cobiça. A inveja nunca é boa, ou usando uma expressão duvidosa, nunca é "branca". A inveja é sempre destrutiva, sempre terrível e sempre "ruim".

Não existe inveja boa. O que pode ser menos danoso é um tipo de cobiça muito especial. Acho muito boa sua capacidade de falar inglês. Admiro e desejo ter a mesma capacidade. Então, me matriculo em uma boa escola de inglês e passo a estudar quatro horas por dia, no intuito de atingir o bom padrão que você tem. Você se tornou uma referência e me esforço para atingir seu nível. Isso não precisa ser ruim ou destrutivo, ou, pelo contrário, pode ser estimulante. Cobiço estar no padrão que você está e me esforço para isso. O mesmo pode ocorrer com toda habilidade física ou intelectual ou toda posse material. De alguma forma, e voltando ao termo ambíguo, existe uma "cobiça branca".

A inveja nunca é positiva. Eu não reconheço que o que você tem nasceu de algum esforço ou de algum acaso feliz. Apenas me incomoda sua alegria. Seu riso, seu sucesso, sua felicidade são chicotes nos meus ouvidos. Por isso a inveja é envergonhada: invejar é reconhecer-se inferior, ser menos do que alguém. O invejoso tem uma dor profunda, que é o limite da sua capacidade, ou do que ele imagina que seja sua capacidade.

Dante colocou os invejosos no Purgatório com os olhos atados com arames. Inveja vem de *invidere*, não ver, em latim. O invejoso, em vez de olhar para si e para seu universo, vê apenas o outro. O invejoso é um cego espiritual, um míope ao menos, incapaz de se olhar, apenas se compara com o mundo externo. O centro do olhar do invejoso é o outro. Em linguagem moderna, falta psicanálise ao invejoso; ele não tem senso crítico sobre si e nem conhecimento das suas motivações. Em linguagem filosófica, o invejoso não cumpre o mandamento socrático de conhecer a si mesmo.

Qual é a raiz da dor causada pela inveja? Ela dói porque ela me reconhece menos. O que o outro parece conseguir de forma tão fácil, eu não consigo ou não tenho. Todos ao meu redor parecem mais leves. Comigo as coisas sempre parecem mais pesadas. A inveja dói porque me exclui dos eleitos e me coloca em um círculo nublado e opaco, ela aumenta minha solidão. Dói por dois lados: eu não sou assim e o outro é. Isso me diminuiu e exalta o outro. A inveja compara, amarga, envenena e pesa. Corrói como ácido fraco, pois não queima imediatamente e de forma total, mas desgasta pingando do teto do ressentimento uma estalactite aguda sobre mim.

Interpretando, como vários outros, que o poema "Mal secreto", de Raimundo Correa (1859-1911), seria sobre a Inveja, Zuenir Ventura[5] cita este soneto do maranhense marcado pela bela sonoridade das palavras tônicas:

Mal secreto

Se a cólera que espuma,
a dor que mora n'alma,
e destrói cada ilusão que nasce,
tudo o que punge, tudo o que devora
O coração, no rosto se estampasse.

[5] VENTURA, Zuenir. *Mal secreto — inveja*. Rio de Janeiro: Objetiva, 1998.

Se se pudesse o espírito que chora,
Ver através da máscara da face,
Quanta gente, talvez, que inveja agora
Nos causa, então piedade nos causasse!

Quanta gente que ri, talvez, consigo
Guarda um atroz, recôndito inimigo,
Como invisível chaga cancerosa!

Quanta gente que ri, talvez existe,
Cuja a ventura única consiste
Em parecer aos outros venturosa!

O soneto pode indicar duas coisas. Inveja em primeiro lugar, mas também uma patologia de representar felicidade permanente e intensa. Em tempos nos quais as redes sociais e entrevistas nos obrigam a uma felicidade orgiástica e permanente, os versos podem se inclinar para essa segunda interpretação, sem omitir a primeira.

Queremos parecer bem e felizes sempre. Arrumamos a casa para que os outros não vejam nossa desordem. Pessoas passam cremes para que não estampem a idade que têm. Vestimos trajes e fantasias no grande teatro do mundo, como personagens. Postamos fotos de jantares e viagens. Usamos todos os recursos teatrais para que nosso público nos aceite pelo viés da plena realização. Assim como diz o poeta, somos pessoas cuja única ventura verdadeira é parecer aos outros venturosa.

As máscaras aderem ao rosto, tornam-se parte dele. O principal defeito das mentiras que usamos para o mundo é que, com o tempo, passamos a crer nelas. Esta seria a definição clássica do mitômano: alguém que mente e que acredita no que diz. Ao postar sua vida maravilhosa nas redes sociais, o indivíduo recebe várias "curtidas" e, ao vê-las, vai se convencendo de que, afinal, não vive tão mal. Sua fraqueza interna o faz depender do apoio e aprovação externos. Mesmo isso não sendo, a rigor, inveja, está na base idêntica do pecado capital. O invejoso é um mentiroso para si, mente pela incapacidade de pensar sobre si. Mente pelo silêncio interno, compensado pelo olho externo.

Em tempos mais recentes, um texto — "Mal secreto", de Wally Salomão — foi musicado pelo carioca Jards Macalé. Sua letra faz referência direta a esta interpretação: o mal não seria a inveja, mas a vontade de mascarar a dor aguda de existir.

Mal secreto

Não choro,
Meu segredo é que sou rapaz esforçado,
Fico parado, calado, quieto,
Não corro, não choro, não converso,
Massacro meu medo,
Mascaro minha dor,
Já sei sofrer.
Não preciso de gente que me oriente,
Se você me pergunta
Como vai?
Respondo sempre igual,
Tudo legal,
Mas quando você vai embora,
Movo meu rosto no espelho,
Minha alma chora.
Vejo o Rio de Janeiro
Comovo, não salvo, não mudo
Meu sujo olho vermelho,
Não fico calado, não fico parado, não fico quieto,
Corro, choro, converso,

E tudo mais jogo num verso
Intitulado
Mal secreto.

Talvez esteja aqui uma curiosa combinação que ilumina o texto anterior de Raimundo Correa. Disfarçar seria um impulso do orgulho. Você pode ter poder sobre mim a ponto de me ferir, mas eu continuo sendo orgulhoso e não quero dar-lhe esse gosto. Inveja com orgulho, mentira e máscaras: é a combinação poderosamente humana.

O mais curioso neste mundo líquido é que, de tanto repetir que estamos bem, tendemos a acreditar. Nossa vida é expressiva; nossos filhos, lindos; nossa casa, boa; nossos companheiros e companheiras, especiais; nossa ida para aquele hotel foi MUITO BOA... De tanta ventura desfrutada, eventualmente até ficamos parecendo venturosos. E para o resto? Bem, existem antidepressivos...

Mas há outra linha distinta de interpretação dos poemas. A verdadeira inveja não se volta ao teatro do mundo externo. O invejoso não é alguém que deseja aparecer como X ou Y. A inveja dói fora do palco, entredentes, nunca em fala aberta. A inveja é um pecado individual. Ao contrário da gula e da ira, que podem ser cometidos em grupo e animados pelo grupo, a inveja é solitária.

Claro, muitos invejosos invejando em grupo constituem uma sólida tribo de invejosos, mas não são solidários e jamais estão em comunhão.

Ela é, paradoxal e individualmente coletiva. Vamos pensar melhor nessa contradição. Há opiniões coletivas que são, abertamente, opiniões invejosas. Para isso basta uma revista estampar o sucesso de alguém. Um autor que venda muito, para muitas pessoas; um cantor que lote estádios; um jogador que ganhe milhões; uma novela de audiência elevada ou um filme *blockbuster*: imediatamente, surgem críticas poderosas.

Sempre que as leio, concordo com várias premissas. Sim, tal autor vende muito, mas seus textos são superficiais. Verdade que as filas para aquele musical dobram o quarteirão, mas as melodias são emotivas e as letras, pobres. O sucesso se sustenta mais na pirotecnia do cenário do que na densidade do musical em si. Os críticos têm razão e seus seguidores também. O gosto médio, como diz a palavra, é médio, tanto pela matemática pura como pela sua estatura.

Porém, há uma forte questão velada. Ela pode sempre ser percebida. Não é apenas uma análise ponderada sobre a superficialidade, sobre o clichê de tal obra ou um lamento pela falta de densidade. A raiva que a crítica mal consegue esconder é pelo sucesso em si. Quando digo crítica, não me refiro apenas aos profissionais da área, alguns muito bons. Refiro-me a todos nós, especialmente ao comentário geral sobre produções culturais ou fenômenos de mercado. Aqui a inveja vira fenômeno social.

Uma verdade sólida: todos a quem invejamos, não dizemos isto. Ninguém diz: "Fulano não parece ser brilhante, mas ganha milhões e eu, que sou tão bom, ganho menos." Buscamos, velho recurso humano, embasamento técnico e moral. Douramos a pílula: "Fulano escreve para as massas, eu escrevo para um pequeno grupo." A crítica mal disfarça a inveja. Ora, se escrevo para poucos e não busco o gosto açucarado das massas, devo estar muito feliz em vender pouco. Se meu filme é "cabeça", que maravilha que as cabeças pensantes da cidade, quatro ou cinco, tenham apreciado. Se minha proposta artística é de tal vanguarda que pouquíssimos entenderão, deveria exultar que pouquíssimos entenderam.

Dourar a pílula da inveja é algo fortemente tradicional. Temos um arsenal analítico a nosso alcance. Não invejo seu corpo, apenas acho que você é superficial e se dedica mais ao físico. Assim, minha inveja vira virtude e eu sou uma pessoa profunda. É mais fácil do que reconhecer que, além de invejoso, tenho corpo ruim. Você é um político populista; eu digo a verdade aos meus eleitores, por isso não tenho tantos votos.

Ou seja, você foi eleito e eu, não. Você é obsessivo com trabalho e não valoriza as coisas simples da vida. Em outras palavras: você ganha mais do que eu.

É tradicional se dizer que a tentação demoníaca não age com a roupa do mal, mas do bem. O demônio da preguiça não nos diz, "durma mais porque dormir é bom". Ele insinua ao ouvido: "Você trabalhou tanto ontem que seria melhor dormir mais hoje, assim você será mais produtivo e mais criativo." O demônio da gula nunca diz "pegue este brigadeiro, é gostoso". Ele sussurra: "Você se priva de tantos momentos bons, agora você tem direito e a este prêmio que é o brigadeiro, pois você já renunciou a muito no passado." Tornar defeitos qualidades, dourar vícios em virtudes, mostrar que meu mal é, no fundo, meu bem (e eu, bom) é uma estratégia que os religiosos atribuem ao demônio e os psicanalistas, a outras motivações.

O mesmo ocorre com a inveja. Atrás de cada crítica virtuosa existe uma insinuante inveja. Não consigo dizer, simplesmente, o quanto de ruim e invejoso corre dentro dos labirintos do meu ser. Melhor seria disfarçar com algo elevado e nobre. Como é fácil desconstruir qualquer ação alheia. Como a oposição é a mais confortável das situações políticas, eu ataco pelo viés do bem e da virtude. O curioso sempre é imaginar por que, em determinado momento, eu imagino que só possa construir o muro da minha identidade com as pedras retiradas dos outros. Essa é a inveja.

No Ensino Médio (que, na minha época, chamava-se Segundo Grau) eu, adolescente, mais bobo ainda do que sou hoje, tive uma iluminação interessante. Havia uma colega muito abaixo da estatura média da turma, muito mesmo. Também havia um colega particularmente alto. Um dia, no embate entre ambos, ela soltou, irritada, ao ser classificada como gnomo: "A energia que você usou para crescer, eu tenho guardada no meu cérebro."

A frase era boa. Deve ter sido lida em um para-choque de caminhão ou em um almanaque do Biotônico Fontoura (vejam a idade avançada deste autor com essa citação). Imediatamente pensei, no verdor ingênuo dos meus quatorze anos, que era uma excelente resposta. O alto insultara a baixa e levara o troco na hora e em moeda sonante. Depois, voltando para casa, imaginei: *mas... ela é uma das piores alunas da classe.* Logo, a frase pronta não se aplicava. Ela era baixa e a energia acumulada não tinha sido concentrada em seu cérebro. Ela era apenas uma menina baixa. A frase a consolava, mas era falsa. Nas notas, nas frases no grupo, nas ações: nada indicava que minha diminuta amiga fosse, sequer, acima da média. Também poderia analisar a afirmação de um rapaz acima da estatura média que queria provar, como valor, a fita métrica. Mas a resposta da menor apenas indicava, na defesa enfraquecida, que ela concordava que altura era um valor. Sua frase era uma homenagem ao valor social da altura. Sua frase tentava disfarçar a inveja que sentia.

Aqui podemos tocar em outro aspecto importante. Invejamos coisas próximas. Raramente a inveja atinge algo muito distante. O sucesso de Alexandre, o Grande, há mais de 2300 anos, não causa sentimentos exaltados. Nunca encontrei alguém que acordasse no meio da noite irritado com a riqueza de Creso, rei da Lídia; a força de Mílon, de Crotona, que carregava um touro às costas na Grécia Clássica ou a inteligência precoce de Stuart Mill. A beleza de Helena de Troia foi cantada por todos os clássicos. Nunca vi uma mulher invejá-la no século XXI.

Assim, a força de um atleta grego do período clássico pode ser admirada. O braço do amigo que faz musculação comigo não pode. A beleza de Helena é o rosto que "lançou mil navios às praias de Troia". Ela não me incomoda, mas minha colega de trabalho... A inteligência de Stuart Mill ou a precocidade de Mozart causam admiração, mas meu colega de departamento...

A inveja precisa ver ao lado o objeto invejado. A inveja é um espelho e a figura refletida precisa estar próxima. A admiração costuma ocorrer, quando estamos uns cem anos distante do objeto admirado, ou ao menos, um continente. A trajetória de êxito de Steve Jobs pode vender mais do que me incomoda o sucesso do meu colega de trabalho. A amargura invejosa tem pouco alcance. É um tiro curto que só atinge o que está ao lado. O invejoso tem um GPS com hipermetropia.

DE NOVO, A BÍBLIA

Um dos Evangelhos mais bonitos, o de Lucas, conta parábolas seguidas no capítulo 15. É uma resposta de Jesus ao questionamento de fariseus e escribas. Fariseus e escribas representam o cumprimento estrito da lei, a busca da salvação pela fidelidade literal ao texto. As metáforas de Jesus indicam um caminho distante deste: a misericórdia deve se impor ao texto. Isso era bastante inovador no campo da Lei como os fariseus a liam.

O texto que mais me interessa agora começa no versículo 11 desse capítulo. A parábola ficou conhecida como a do "filho pródigo". Um homem tinha dois filhos. O mais novo pediu, antecipadamente, sua herança. Na Bíblia, o filho mais novo quase sempre é o foco da ação, como em Caim e Abel, Esaú e Jacó. O mais novo pegou seu dinheiro e partiu para um lugar distante. Lá, seduzido por amigos fáceis que a fortuna atraía, gastou tudo. Passou a ser conhecido como aquele que esbanja, o filho pródigo.

Para Dante, quem nada dá ou tudo dá é igualmente culpado. O autor da *Divina comédia* condena ambos ao mesmo lugar do Inferno. Ser pródigo é um pecado, tal como ser avarento. Esbanjar tudo ou poupar tudo são defeitos morais para este universo. O filho pródigo gastou toda a herança e se arrependeu.

Um dia, premido pela fome, o mais novo desejou voltar para a casa do pai. Sua reflexão mais amarga ocorreu quando foi obrigado a cuidar de porcos, certamente uma das ocupações mais impuras na cabeça de um judeu. Lá, em um chiqueiro imundo, ele chegou a desejar comer o que se dava aos porcos, mas nem isso conseguia. Imaginou que os empregados do pai comiam pão à vontade, e ele estava ali, no fundo do poço da indignidade. Aqui as primeiras lições do texto: não confie em amigos dados pela abundância e não gaste tudo o que tem inutilmente. Mas são lições menores no objetivo dessa parábola.

O filho pródigo, pobre e arrependido, retorna para a casa do pai, na esperança de, ao menos, ser admitido entre os empregados da família. Ao se aproximar da casa paterna, foi visto pelo pai, que se encheu de compaixão. O pai ordena aos criados que tragam a melhor roupa, que tragam um anel precioso e uma sandália boa. Mais, o bondoso ancião estabelece que se mate um novilho bem gordo e que haja uma festa pelo retorno do filho. Aqui outra lição importante: a lei, aquela que os fariseus defendiam, permitia ao pai repudiar o filho pródigo, porque já recebera sua parte na herança e se portara com indignidade. A lei apoiava o pai se quisesse maltratar seu filho. Seria justo, no sentido da justiça formal, dizer ao filho que não se aproximasse. O pai usou de misericórdia e compaixão porque o filho tinha se arrependido. A frase do filho pródigo enterneceu o coração do pai: "Pai, pequei contra Deus e contra ti. Já não mereço ser chamado teu filho" (Lucas 15:21). O pai, que tinha a lei ao seu lado, usou apenas de amor. Por isso Lucas é chamado o Evangelho do Amor.

A lição principal do texto é o domínio da misericórdia sobre a lei, do amor sobre o texto, da compaixão sobre a justiça. Era a ênfase de Jesus em uma tradição judaica do espírito sobre a norma, mas que combatia outra tradição judaica que era a opção farisaica: o texto é maior do que tudo. Jesus insistia que o sábado tinha sido feito para o homem, e não o homem para o sábado. Em outras palavras: a norma só existe se me levar a Deus e a Seu amor, se ela atrapalhar, deve ser ignorada.

Poderíamos interromper aqui essa bela narrativa. Porém, para meu objetivo neste capítulo, o que vem a seguir é o mais importante. Trata-se da inveja em família, do ressentimento que a virtude pode demonstrar.

Entra em cena o filho mais velho. É dito que ele estava no campo, ou seja, continuava a trabalhar para o pai de forma constante e fiel. Ao se aproximar da casa, ouve a música da festa e pergunta a um empregado do que se trata. É informado da volta do irmão e da festa dada por ordem do pai. Então, o zeloso irmão mais velho, trabalhador constante e dedicado, fica com raiva e não deseja participar da festa. Sua indignação é a indignação da virtude. Como já foi dito, isso deve ser dourado e modificado pela consciência. O mais velho teve inveja da felicidade do mais novo e inveja do amor que o pai lhe dedicava. Mas, em vez de apenas reconhecer esse profundo ressentimento invejoso, ele se disfarça de virtude.

A fala do mais velho é um exemplo clássico. Ele não diz ao pai que inveja o amor ao mais novo. Ele não fala que está magoado por isso. Seu ressentimento busca a virtude:

> Eu trabalho para ti há tantos anos, jamais desobedeci a qualquer ordem tua, e nunca me destes um cabrito para eu festejar com meus amigos. Mas quando chegou este teu filho que esbanjou teus bens, com as prostitutas, matas para ele um novilho gordo".
>
> (Lucas 15: 29-30)

A fala do irmão é muito curiosa. Traz a última lição do capítulo 15. O mais velho invoca a obediência, o zelo, o trabalho e a dedicação. Naturalmente, reclama que não foi recompensado à altura de tanto esforço. Dedicou-se ao bem, mas sentiu-se amargurado com ele. Seu bem transmutou-se em inveja. Outro detalhe: o texto não fala que havia notícias do irmão pródigo, mas o mais velho sabe que ele desperdiçou com prostitutas. Pode ser uma dedução ou uma notícia trazida, não sabemos. Mas a fala denuncia o desejo do irmão mais velho: em vez de trabalhar, ele preferiria ter saído com prostitutas e ido a festas com amigos. Havia um *playboy* escondido naquele trabalhador abnegado.

A primeira inveja é sobre a vida do irmão. "Meu irmão teve a felicidade que eu não tenho e eu a desejo." A segunda inveja é sobre a atenção do pai. "Ele ama mais ao meu irmão do que a mim", o eterno problema de todos os filhos. O pai, ao acalmá-lo, diz que tudo o que ele tem também é do mais velho, mas que o filho pródigo "estava morto e tornou a viver, estava perdido e foi encontrado" (Lucas 15:32).

A lição principal do texto é sobre o perdão e a misericórdia que devem sobrepujar a regra. Mas o encerramento da parábola indica outro caminho possível, uma lição sobre o problema da inveja. Deus tem alegria com um perdido que retorna ao caminho da virtude. As ovelhas desgarradas, os abandonados e fora do sistema, quando reencontram o caminho do Senhor são recebidos de braços abertos, desde que, como o filho pródigo, reconheçam que erraram. O perdão implica arrependimento. O pai, metáfora de Deus, abre os braços sem questionar nada assim que seu filho esbanjador diz: "Pai, pequei..." Um gemido de arrependimento abranda a cólera divina, segundo essa interpretação. Mas não sabemos se o irmão mais velho mudou de opinião. Jesus nos deixa em suspense e abre caminho para nossa imaginação.

Sempre digo, em aulas e palestras, que a Bíblia é mais rica do que os religiosos fazem parecer. Aliás, que a Bíblia sobreviva fora do domínio religioso é um dos fenômenos mais notáveis da História. O texto excede sua função moral imediata ou seu embasamento a pretensões corporativas. Vou demonstrar.

A parábola do filho pródigo é, no primeiro instante, a vitória do amor sobre o rigor da lei. Mas ela também indica que o pecador, humano e falho, o esbanjador, é nossa personagem que, juntamente com o pai misericordioso, constituem a dupla central da narrativa. Aquele que demonstrou pouca inteligência financeira, foi insensato, chegado às prostitutas, incapaz de distinguir verdadeiros de falsos amigos é o foco principal e título da parábola. Ele, o mais novo, é o humano, o jovem pleno de vida e vitalidade e vazio de bom senso. Trata-se de um rapaz de iniciativa, ou até, se preferirem, um empreendedor fracassado, mas um empreendedor.

O mais velho é o acomodado na virtude, no emprego da empresa familiar, cumpridor de horário, roupas sempre corretas, provavelmente casado e fiel, que, mesmo adulto, ainda mora com o pai. O mais velho é a imagem da virtude e... da chatice. É curioso que os fariseus, de ontem e de hoje (e como eles se multiplicaram...) usam essa parábola encarnando um discurso que os aproxima mais do irmão mais velho do que do caçula. Os moralistas, aqueles que Jesus condenou, pregam com esse texto. Assemelham-se a um fenômeno que sempre me intrigou: assistir em um teatro luxuoso, tomado por plateia bem arrumada e perfumada, uma peça de Nelson Rodrigues que acaba com a moral da família de classe média. A mesma classe média bate palmas, feliz e extasiada com um texto que a combateu, bem como a seus valores. Saem felizes como público, sem terem entendido que são, no fundo, as personagens.

A personagem central do texto de Lucas é o pecador arrependido e a misericórdia de Deus. A secundária, o virtuoso. Há algo de amargo na biografia do mais velho. Sua inveja, travestida de bom comportamento, é quase insuportável. Eleva um vício à condição de virtude e mostra que sua fraqueza e submissão não nasceram do amor ao pai, mas da vontade de reconhecimento.

Um pensador francês pessimista, François de La Rochefoucauld (1613-1680), disse que a "virtude não iria tão longe se a vaidade não lhe fizesse companhia". Bem mais à frente, um rebelde como Henry Thoreau (1817-1862) afirmava que poderiam existir "999 professores de virtude para cada pessoa virtuosa". A tônica continua sendo a mesma de Jesus: a denúncia da virtude aparente, da máscara social do bem, do filho mais velho que habita, casto e pontual, em todos nós.

O filho mais velho era um professor de virtude, como queria Thoreau. Era também um homem vaidoso e orgulhoso do próprio procedimento, como ensina La Rochefoucauld. Sua virtude não era real, mas uma encenação que disfarçava sua inveja do irmão mais novo. Ele era o único não virtuoso de toda história, porque não era sincero consigo ou com os outros. Condenava e criticava, porque o jovem irmão fez o que ele desejaria ter feito. Alegrou-se com as notícias do seu fracasso. Deve ter exultado quando soube que seu irmão estava em um chiqueiro porque tinha sido ousado e pródigo. Ele se sentiu recompensado quando imaginava seu irmão fracassado. Toda a sua maldade veio à tona quando o amor paterno premiou, em vez de punir. Ele, a formiga, só poderia ser feliz se a cigarra morresse congelada. Se a rainha do formigueiro acolhesse a cigarra boêmia, volto a esse exemplo sempre, as operárias entrariam em greve...

Esse texto é uma denúncia sobre os professores de virtude. Ele fala do mal que se esconde atrás do bom comportamento. Voltando ao nosso mundinho, o texto exibe o enorme sorriso do motorista prudente quando vê, que aquele que o passou pelo acostamento, sedutor e ilegal, está sendo multado à frente. Que delícia! Que vista inebriante! O infrator está sendo punido! Eu, que sempre fiquei na faixa correta, que nunca uso esse acostamento sedutor, sou premiado por alguma autoridade imaginária que incorporei em mim e que o outro, livre e leve, não o fez. Claro, não digo que estou feliz. Prefiro analisar algo como: que bom que o mau cidadão às vezes é punido pelo Estado. Dentro de mim vibra não a chama auriverde da cidadania, mas o olhar do irmão mais velho da parábola que amaria se o pai tivesse escorraçado o pródigo. Só na dureza da lei e no rigor da punição é que minha fraca convicção de virtude pode se realizar. A inveja e a alegria pela queda do objeto da minha inveja demonstram, a seu modo, que a punição daquele que fez o que eu desejo é a única forma de acalmar minha covardia moral. A covardia, com frequência, está no coração do virtuoso. Perdão leitores, acho que li La Rochefoucault demais na juventude. Logo voltaremos aos Campos Elísios do bom comportamento.

TEM JEITO?

A inveja é chamada de "olho grande" ou "olho gordo", na fala popular. Parece guardar relação com o sentido do ver demais o que não se deve, o sentido da visão míope sobre a qual já falei.

Os olhos do invejoso são a janela do seu ressentimento. Caim olha com inveja para o agrado que Deus manifestou sobre a oferta de Abel. Iago, na tragédia shakespeariana *Otelo, o Mouro de Veneza*, olha com invejoso rancor a promoção de outro que não ele. Iago inveja a posição do outro, inveja seu chefe Otelo, inveja tudo a seu redor. Iago olha para aquilo que não deve.

Sendo mal do olho, vários amuletos contra a inveja apresentam o símbolo da visão. É o caso do olho grego ou turco. É o caso, também, de uma planta aqui da América, o huayuro (*Ormosia coccinea*), que se assemelha a um olho. O poder purificador do sal grosso também é antigo remédio para depurar as energias invejosas que nos assolam. A figa, elemento fálico, é utilizada para quebrar a força do invejoso. Perfumes, como alfazema, podem ter esse poder. Na bainha do vestido da noiva podem ser colocados diversos objetos para protegê-la da inveja. Um vaso com sete ervas poderosas (guiné, arruda, espada/lança de São Jorge, pimenta, comigo-ninguém-pode, manjericão, alecrim) deve estar em um ambiente onde os olhos dos invejosos possam cair. Se uma das ervas morrer, é sinal de que absorveu a energia invejosa. Claro que, sendo plantas de diferentes capacidades de resistir à água e à seca, estando juntas, uma irá morrer, necessariamente. Há muitos outros recursos para espantar a inveja alheia. A inveja é universal, mas o alvo da inveja pode se defender. Por que tantos amuletos contra a inveja? Por que parece ser o mal mais difundido? Há mais amuletos contra a inveja do que contra o estupro ou o roubo. A inveja seria mais grave?

Talvez a resposta esteja na estrutura da inveja. Como já visto, ninguém é invejoso, ou, ao menos, ninguém se considera invejoso. Na exata inversão complementar dessa ideia, todos somos alvos de inveja. Suponha o indivíduo com quem a natureza foi avara em conceder benefícios físicos e intelectuais. Suponha que o mesmo indivíduo seja carente de bens, de graça pessoal, de traços positivos. Componha o quadro do seu Quasímodo, o corcunda de Notre Dame. Tenha certeza: ele se sente invejado. Talvez seja a última defesa de todo ser humano: ser invejado. Alguém que não tem nem sequer algo a ser invejado, realmente está no fim da pirâmide alimentar humana. Mais de uma vez, ao ouvir alguém se anunciar alvo de muita inveja, tenho o impulso interno de perguntar: "Mas do quê?" Não faço a pergunta, não seria elegante. Balanço a cabeça e tenho uma clássica reação bovina: *hummmm...* Se o destino e a natureza já retiraram tudo de alguém, por que eu deveria retirar a última crença de valor dela?

Bem, tirando você, que me lê, e eu, que escrevo, o resto do mundo é invejoso. Por que as outras pessoas que não nós são assim? Começamos nossa análise sobre orgulho e inveja. São pecados comparativos. Sempre haverá alguém acima ou abaixo de mim, a estimular meu orgulho de superioridade ou o rancor da inveja. Você se acha feio? Creia, em alguma aldeia das montanhas chinesas há alguém pior. Você se acha pobre? Haverá alguém com menos. Seu raciocínio é lento? Há gente ainda mais lerda. Seu desempenho sexual é pífio. Não precisa sair do seu condomínio para algo mais inexpressivo ainda. Sempre há pessoas piores, mais frágeis, menos dotadas física e intelectualmente. Meu orgulho pode ser soberano.

Mesma reflexão serve para a inveja. Sempre há alguém acima. Como não notar isso? Como não perceber os muitos seres acima de mim em qualquer conceito que eu imagine?

Você pode ser o mais bem-sucedido da sua família. Sua beleza pode impressionar na reunião de condomínio. Seu guarda-roupa pode ter peças acima da média da repartição. Mas amplie isso para o padrão municipal, estadual, nacional, universal. Em algum momento, você cairá no *ranking*. Claro que você sabe ser mais importante ser superior ao seu colega do que à humanidade, mas há alguém a invejar sempre.

Esse é um jogo complexo. Minha identidade depende da comparação. Sei quem sou em relação aos outros. Se tivesse nascido isolado no universo, jamais teria algum adjetivo claro para mim: alto, baixo, gordo, magro, inteligente ou burro. Todos são adjetivos posicionais, ou seja, dependem dos outros e da comparação que estabeleço. Por que digo isso? Porque orgulho e inveja nascem da nossa identidade e da dificuldade em estabelecer essa comparação.

Encerro perguntando se tem jeito, ou seja, se é possível não ser invejoso ou orgulhoso. Acho que não. No extremo, alguém que dissesse que está feliz por não ser orgulhoso, no fundo está dizendo do seu orgulho de ser humilde. Se não tenho inveja de nada, provavelmente já fiz a transição para o país da morte, pois viver, em parte, é invejar. Mortos não invejam, mas ainda podem ser invejados.

Não tem jeito mesmo. Mas não se desespere. Existe uma reflexão que nos torna mais amigos da sabedoria (já que sábio, de verdade, nunca ficaremos). A inveja e o orgulho são naturais na vida social, mas são equivocados. Posso pensar que o equívoco esteja no campo religioso. Ganhei de Deus dons para servir aos outros e cumprir o plano divino. O que tenho ou não faz parte de uma arquitetura teológica. Se muito recebi, muito será cobrado. Se outro recebeu mais ou menos do que eu, o divino autor teria escrito esses roteiros. A mim cabe atuar no palco dado, no máximo do meu esforço. Essa é, em parte, a parábola dos talentos e das minas, contida em Mateus 25 e Lucas 19, respectivamente. O traço central da parábola é que um senhor deu uma quantia X a um, menos a outro e ainda menos a um terceiro. Os que receberam mais multiplicaram com investimentos e cuidados. O que pouco recebeu enterrou seu talento e nada multiplicou. Há muitas possibilidades de ler esse texto. Uma delas é que cada um recebe um quinhão nessa herança divina e a cada um cabe multiplicar isso. Assim, talentos a mais ou a menos (considerando que a palavra talento denomina uma medida de riqueza no mundo antigo e para nós é uma palavra que significa dom) apenas significam cobranças a mais ou a menos. Como diz Deus a Jó, quem seríamos nós para entender as tramas do destino e da obra de Deus?

O religioso pode sentir esse conforto. Há um plano, e invejar quem recebeu papéis maiores ou orgulhar-se de ter uma importância mais expressiva é uma bobagem e uma ousadia profana. Tudo está dado e Deus faz tudo ter sentido. Está afastado o absurdo da existência e a dor da desigualdade. Afinal, a mais ou a menos, quem pode se comparar ao Altíssimo? A magnitude de Deus torna a todos nós, igualmente, poeira cósmica, amada pelo Todo-poderoso, mas poeira.

O não religioso tem menos desse conforto. Mas caberia aqui uma reflexão um pouco filosófica e um pouco psicanalítica. Ser orgulhoso ou invejoso é medir a si pelo metro alheio. É uma impossibilidade técnica, já que o outro pouco ou nada diz de mim. Saber se sou bom porque o outro é melhor ou pior atende pouco a mim e apenas busca, em uma projeção estranha, o que eu penso e o quanto eu meço ao outro. A inveja e o orgulho são tipos distintos, mas similares de estupidez, já que não levam ao autoconhecimento socrático nem estabelecem uma reflexão crítica.

Essa é outra maneira de dizer que sentir-se cheio de orgulho ou transido de inveja podem ser universais e inevitáveis, mas que com essa consciência, ao menos, existe a possibilidade de enfrentar tais coisas. Sim, pois a sabedoria nunca será plena e a iluminação sempre comportará frestas. Assim, cabe mais ter consciência dos nossos limites e ler o que queremos dizer quando nos sentimos superiores ou inferiores a alguém.

Há poucas pessoas capazes de fazer isso. Há poucos seres com olhos voltados para si. É a pergunta permanente de Sócrates em *O Banquete*. O que você entende por isso? Quais são seus parâmetros? Como você tem ou não consciência desses conceitos? Como seus particulares dialogam com os universais? Quais as perguntas centrais que você evita? Quais são suas contradições? Quais as respostas que você não pode encontrar? Quais as que realmente são as suas respostas? Sócrates parecia ter esse dom de fazer as perguntas corretas. Orgulho-me muito de entender sua busca complexa e tenho uma bruta inveja da capacidade socrática. *Ops*, de volta ao divã.

Capítulo 4

Sexo, comida e o império do prazer

Faltando o vinho, a mãe de Jesus lhe disse: "eles não têm vinho."
João 2:3

"Não vos recuseis um ao outro, a não ser de comum acordo e por algum tempo, para vos entregardes à oração. Voltai depois à convivência normal, para que Satanás não vos tente, por vossa falta de domínio próprio."
1Coríntios 7:5

Há anos faço uma citação jocosa em sala de aula. Permito-me reproduzi-la aqui, especialmente por ser o capítulo referente aos pecados do corpo. Sempre elogio as estratégias da Igreja Católica, que, afinal, sobreviveu a muitos desafios diferentes em quase dois mil anos. Só faço uma "crítica": para afastar os padres do sexo, em determinado momento, a igreja proibiu-lhes o casamento. Minha fala é que, para afastar alguém do sexo, a única coisa 100% eficaz é o casamento... O pijama é a mortalha do sexo, cita um amigo meu. Basta casar para o gráfico do desejo sair de um quadrante para outro. O momento dessa virada é indicado por um símbolo: o beijo na testa. Beijar a mulher ou o marido na testa é assumir o caráter sacrossanto do lar e deixar o desejo de lado. Beijar na testa é oração na forma de ósculo, assexuada, indolor, insípida e marital. Claro que se trata de uma piada, não é?

A luxúria é o pecado da transgressão sexual. É diferente do orgulho e da inveja, pois esses são pecados espirituais, de reflexão. A luxúria é concreta, pois tem um pé no corpo e outro, no pensamento. Hormônios desencadeiam processos nem sempre tão controláveis. Posso refletir sobre a inveja e chegar a uma posição mais sábia que a afaste. Nenhuma reflexão, por mais densa que seja, afasta o desejo sexual. Ele pode ser reprimido e sublimado claro, mas não suprimido. O desejo existe mesmo quando as condições de realizá-lo de forma concreta não existem mais. Luxúria e gula tem isto em comum: são parte de um processo biológico que a cultura ressignificou. Seriam pecados biológicos e mais "naturais" do que os outros?

As religiões morais como Cristianismo, Judaísmo e Islamismo estabeleceram um enorme código sobre o corpo. O controle corporal é, de muitos modos, o maior esforço da moral. Talvez porque o corpo seja mais rebelde do que a alma. Essa é a leitura tradicional, especialmente cristã. O corpo é um rebelde que atrapalha a caminhada para Deus. Suas demandas são fortes, como a fome e o sexo. No caminho quase oposto, o rabino Milton Bonder escreveu *A alma imoral*[6]. Nesse livro que virou peça, ele desenvolve a ideia de que é a alma que busca a perversão e que mascara os desejos naturais do corpo. Ele propõe que sejam rompidas as amarras da tradição, que ousemos mais, que consigamos ser mais honestos conosco. Na peça, a atriz fica nua o tempo todo, desnuda ao olhar do público,

[6] BONDER, *Nilton. A alma imoral.* São Paulo: Rocco, 1998.

trazendo o corpo desvelado para o debate moral. A excelente interpretação de Clarice Niskier, a que assisti, conseguiu dar linha e forma a um texto com passagens mais complexas. Duas passagens do texto mostram o enfoque do rabino:

> A proposta da imutabilidade é mais do que indecorosa: ela violenta um indivíduo. Ela propõe que continuemos a fazer o que foi feito no passado (p. 39).
>
> Existe em nós uma tendência de querer agradar a nós, aos outros e à moral de nossa cultura. Com isso, vamos gradativamente nos perdendo de nós mesmos (p. 64).

Talvez a contradição não seja tão forte. Bonder defende uma transgressão que nos coloque em contato com nossa verdade, algo que dialoga com o corpo. O corpo tem sua lógica e sua verdade. Esse é o problema tradicional dos pecados do corpo.

O controle dos corpos cresceu ao longo dos séculos. Nosso sempre citado Dante coloca os pecadores da luxúria no segundo círculo do Inferno, varridos por um vento constante. Lá, ele encontra a bela história de Paolo e Francesca, no canto V do Inferno.

Francesca da Rimini é uma bela mulher, de Ravena, em pleno século XIII. Seu casamento fora arranjado com Gianciotto Malatesta, um influente político e guerreiro, mas com gênio terrível e um defeito físico. O casamento arranjado não foi envolto em paixão, mas um acordo entre grandes famílias. Para distrair-se, Francesca pede ao cunhado, Paolo, para lerem romances de cavalaria, especialmente as narrativas da esposa do rei Artur, Ginevra (Guinevere) e seu amante, o cavaleiro Lancelote.

A leitura de um romance de cavalaria parece ter estimulado os cunhados. Diante da narrativa de um beijo da rainha no seu cavaleiro, o livro tombou e os cunhados repetiram o que acabaram de ler. Tinham tornado-se amantes. Assim, entrelaçados nesse deleite amoroso, foram surpreendidos pelo colérico marido, que matou a ambos.

Paolo e Francesca continuam unidos no Inferno. Ainda há fala de amor nela e descrição do seu enlevo romântico. Mas ela afirma que a dor maior é recordar-se do tempo feliz na miséria ("Nenhuma dor maior do que se recordar do tempo feliz na miséria"). A história é tão sentida, que Dante desmaia, impactado pela dor da narrativa. O vento segue fustigando o casal, que voa sem direção no ar pesado do submundo. Existe em Paolo e Francesca um pouco da ambiguidade do pecado do amor ilícito. Dante deve colocar os adúlteros no Inferno. Eles quebraram os votos sagrados do matrimônio, sacramento preservado pela lei dos homens e de Deus. Mas a narrativa é doce, de admiração até, e somos levados a uma profunda compaixão porque, afinal, erraram por amor. A transgressão fica relevada em função do afeto.

Mesmo o católico Dante nos diz que o amor é algo que ultrapassa o controle. Isto é uma das belezas em Dante: a humanização dos seus infratores. Paolo e Francesca pecaram contra Deus por praticarem adultério. Há um círculo mais profundo, o sétimo, em que, na terceira vala, o poeta florentino encontra seu ex-professor, o renomado intelectual Brunetto Latini. Lá, o ex-mestre de Dante é atacado por uma terrível chuva de fogo. Brunetto pecara contra a castidade também, mas contrariou Deus e a natureza na visão medieval, pois era sodomita. A relação entre pessoas do mesmo sexo era condenada e recebe castigo pior do que o adultério. Mas, mesmo ali, em chuva de fogo em meio a sodomitas, Dante elogia seu professor e o humaniza. Em vários sentidos, um texto do início do século XIV é melhor do que muitos moralistas atuais.

O desejo sexual foi dado aos homens tendo em vista a reprodução dentro do casamento. "Crescei e multiplicai-vos" (Gênesis 1:28), diz Deus no capítulo inaugural da Bíblia. Para os judeus isso é uma "mitzvá", um mandamento, uma indicação de que Deus quer que todo ser humano se case e tenha filhos. O Judaísmo não enaltece a vida celibatária. Deus ama os casais e ama ainda mais os casais com muitos filhos.

Fora do casamento e sem ter objetivo de cumprir a ordem divina, o sexo é errado. O sexo entre dois homens é uma abominação (Levítico 18:22), palavra forte na Bíblia. Deus destrói Sodoma e Gomorra, segundo uma interpretação, porque seus habitantes praticavam essa abominação (de onde vem a palavra sodomita, termo religioso para homossexualidade) e, segundo outros, porque seus habitantes quebraram o código sagrado da hospitalidade ao quererem perturbar os emissários de Deus. A hospitalidade entre tribos do Oriente Médio é tão sagrada, que no episódio narrado, Ló (sobrinho do patriarca Abraão) oferece suas filhas virgens para que elas sirvam a uma multidão de homens tomados de intenções ruins com os dois anjos que ele hospedava. Para que os homens não perturbem seus hóspedes, Ló prefere que ataquem suas filhas. A multidão ataca a casa e os seres celestiais cegam os habitantes de Sodoma. Estavam sendo punidos pela sodomia? Essa é uma tradição, mas é enfraquecida pelo fato de Ló ter tentado seduzi-los com suas filhas, algo que um sodomita tradicional não aceitaria como moeda de troca. Estavam sendo punidos pela falta de hospitalidade? É possível, e isso é reforçado pelo esforço de Ló como opositor aos pecadores de convidar os anjos e se dispor a sacrificar suas filhas para manter seus hóspedes. Por um ou outro motivo, ou por ambos, além de terem ficado cegos, ainda foram queimados com fogo e enxofre. Deus castigou a transgressão da falta de hospitalidade, ou a homossexualidade, ou ambas, de forma direta e pesada. O capítulo 19 do Gênesis é um capítulo moral, mas muito mais dos riscos de habitar entre estrangeiros de costumes distantes do que da moral vitoriana que condenou Oscar Wilde.

Começamos falando de quebrar os votos do casamento e da sodomia. Vamos ser mais simples e triviais. A masturbação é ainda mais onipresente do que adultério e homossexualidade. Uma das palavras que se usa para falar de masturbação é o termo de origem bíblica, onanismo. Trata-se de um equívoco.

Onan é citado no Gênesis como neto de Jacó, filho de Judá. O irmão mais velho de Onan foi morto por Deus sem que saibamos o motivo exato. Esse irmão deixou uma viúva com o belo nome de Tamar. O pai de Onan mandou que o filho engravidasse a cunhada. Era um princípio ordenado por Deus, o levirato. O problema é que, se Tamar engravidasse, sendo viúva do mais velho, todos os bens passariam a seu filho e Onan perderia a herança do pai. Onan praticou uma forma contraceptiva antiga: coito interrompido. Em vez de fecundar a cunhada Tamar, ejaculava na terra. Deus não gostou do que viu e matou Onan também, como fizera a seu irmão. Como se vê, associar onanismo à masturbação é um equívoco consagrado.

A punição de Onan não é exatamente sexual. Ele descumpriu a ordem do levirato e foi desonesto, pois ficava com a cunhada e não produzia o herdeiro em nome do irmão. Onan tenta enganar sua família e a Deus. Sua punição foi por essa falsidade ideológica, não pela prática sexual em si.

Por não ter fins reprodutivos, a sodomia e o onanismo (em qualquer acepção do termo) estão interditados. Também a bestialidade (ou seja, zoofilia, sexo com animais), a necrofilia (sexo com cadáveres) e todas as imensas variantes que séculos trouxeram para nosso repertório.

Da técnica sexual de Onan ao adultério de Paolo e Francesca, o sexo transgressor teve carreira gloriosa. A sociedade do século XIX, ao medicalizar os comportamentos sexuais, ao criar aparelhos que evitassem a masturbação, ao criminalizar a sodomia e criar o termo homossexualismo como doença e como crime, provavelmente, era mais conservadora do que a Florença de Dante ou as tribos do deserto.

HOUVE UM CULPADO?

O Cristianismo é uma religião muito moral. Herdou do Judaísmo muitos interditos e, em algumas vertentes, acrescentou outros, como a proibição do divórcio. Quase tudo que é bom é pecado. O imperativo categórico sexual foi circunscrito ao casamento. A castidade foi elevada, ao contrário da matriz judaica, à categoria de virtude superior. A carne corrompe e o sexo conspurca.

Tradicionalmente, a raiz dessa postura é atribuída a Paulo. Difícil avaliar a extensão da influência de Paulo de Tarso. O Cristianismo, às vezes, parece ser mais obra de Paulo do que de Jesus. O primeiro homem a escrever textos completos sobre a experiência cristã foi Paulo. Suas cartas antecedem, cronologicamente, aos Evangelhos. Seu domínio do grego, suas viagens, sua oposição aos limites da ideia de povo escolhido que alguns líderes como Tiago tinham, acabou sendo imposto como a vertente vitoriosa do Cristianismo.

Paulo nunca se casou. Isso não era comum entre judeus. Já vimos que a ordem do Gênesis (crescer e multiplicar-se) era lida como um mandamento. Ser solteiro não era um valor na época paulina. Ele fala de um espinho na carne, algo que o incomoda, algo que o impede de ficar orgulhoso (2Coríntios 12:7). Paulo recomenda a castidade. Teria relação com seu espinho na carne? Um defeito físico? Um gosto sexual fora do padrão? Nunca saberemos. Mas esse homem solteiro e com espinho na carne ditou as grandes regras do nascente Cristianismo.

Jesus andara com prostitutas e comera na casa de publicanos. Para a mulher adúltera, diz que ninguém pode julgar além de Deus. Como Paulo teria convivido com o Mestre que idolatrava, mas que, de fato, nunca encontrou? Teria achado Jesus parecido com a irrequieta comunidade de Corinto? O Jesus real, e não o Cristo da fé, teria incomodado o Paulo real?

Nunca saberemos, mas quase todas as pessoas apontaram Paulo como a raiz do pensamento sexual cristão. Claro que, depois, Agostinho e tantos outros doutores contribuíram bastante. O papel de Paulo de Tarso é suficiente para o mau humor de Nietzsche para com ele. Mulheres de cabeças cobertas e boca calada; homens que, se puderem, devem evitar casamento; indignação com as alternativas sexuais dos coríntios...

Quando os romanos cortaram sua cabeça na posta Óstia, diz a tradição que ela pulou várias vezes. O corpo quedou-se imóvel. Metáfora interessante: separar cabeça do corpo, esse é o grande legado paulino até em sua morte.

A MORAL DOS SÍMIOS

A domesticação de corpos é um esforço religioso e social. Dialoga com a ética judaica tradicional e patriarcal, mas está tingida com as cores do platonismo como ele foi lido pelos cristãos. O corpo é matéria aparente. O corpo é o visível individual. O ideal é invisível e está distante. A prostituta que aluga o corpo é uma pecadora. O professor que aluga o cérebro é um trabalhador honesto? Qual seria a diferença entre a prostituta e o professor? Só a cultura moral pode dar essa explicação, pois, na prática, ela não existe. O que seria o corpo sem cultura e moral?

Uma resposta possível está nos macacos bonobo (*Pan paniscus*). No coração da África, mesmo continente que originou a espécie humana, estão esses primos que, pela genética incrivelmente próxima a nossa, talvez devessem ser chamados de irmãos. Há base para dizer que compartilhamos 98,7% do código genético desses macacos. A semelhança não estaria apenas no genoma, mas em comportamentos como empatia, comunicação e até cócegas. Onívoros como a espécie humana, sociais ao extremo, nossos parentes bonobos são admiráveis.

Há algo ainda mais interessante do que tudo que foi dito antes. Os bonobos são pansexuais. Praticam masturbação, coitos entre macacos do mesmo sexo, estimulação do clitóris das fêmeas (maiores entre os bonobos do que nos demais mamíferos) e passam uma parte expressiva do dia tendo relações com quase todos os membros do bando e de todas as formas possíveis. Estima-se que 75% das atividades sexuais desses animais não têm objetivo de reprodução, ou seja, são apenas por prazer. Se a metáfora fosse válida, esses macacos passam o dia em orgias intensas. Curiosamente, inexistem as disputas territoriais e por fêmeas que marcam outros mamíferos. O sexo parece ter um efeito relaxante e pacificador nos bandos bonobos. Ao estudar esses comportamentos, dois pesquisadores, Christopher Ryan e Cacilda Jethá, produziram um livro chamado *Sex at dawn, how we mate, why we stray, and what it means for modern relationships*[7]. O livro faz uma tentativa interessante de aproximar os comportamentos dos nossos parentes tão próximos e os comportamentos sexuais humanos e como criamos a monogamia, tão estranha aos nossos primos da selva.

Bem, não é possível dizer com caráter científico, mas é lícito imaginar: uma sociedade sem interditos morais e religiosos sobre o sexo é a sociedade dos bonobos. Essa seria a nossa sociedade nas mesmas condições, ou seja, despidos da formação de tabus, leis e pecados? Talvez. Assista a algum vídeo ou documentário sobre esses macacos e depois reflita, ou corra para o banheiro.

Mas vamos defender a moral religiosa. Não há como obter uma enquete qualitativa entre os macacos para saber o grau da satisfação sexual. Apenas sabemos que praticam muito sexo genital. Eles não se pronunciam sobre a felicidade. Somos nós que, reprimidos pelas leis religiosas e pelos costumes sociais, vemos nas orgias alheias ou simiescas um grande valor.

Mas é justo reconhecer que o proibido é uma mola do desejo. Funciona assim com drogas, com espetáculos, com

---

[7] Nova York: Harper, 2010.

sexualidade. No momento em que são colocadas barreiras à água corrente do desejo, ele flui com intensidade pelas frestas do possível. O proibido restaura a adrenalina que o ortodoxo, o consentido e o usual tendem a diminuir. A regra do tabu faz o coração bater mais forte, a respiração arfar e os olhos crescerem. "Não pode" é sinônimo do "eu quero". Aqui vale o mesmo princípio do fruto da árvore do Paraíso. Posso comer dez milhões de tipos de frutas. Só uma fruta não posso comer. É exatamente essa que eu desejo.

Não temos a narrativa do gosto da fruta. A Bíblia não foi escrita pelos defensores da orgia, mas pelos que tentavam limitá-la. Será que foi melhor do que tudo o que tinha sido comido antes?

O que estou tentando desenvolver é que os interditos religiosos, a ideia de pecado, de erro e de transgressão tornou o sexo mais desejável e procurado, mais capaz de estímulo sensorial e comportamental. No momento que a monogamia se instalou, a psicologia do adúltero e da adúltera surgiu.

O que a religião fez? Algo muito interessante: perdemos a cara de relativo enfado que você pode observar na cara da fêmea bonobo deitada no chão com outros por sobre ela. A liberdade absoluta tornou o sexo dos macacos um ato repetitivo. Em outras palavras: a liberdade deu aos bonobos o sexo monogâmico com muitos. Nossos tabus transformaram em proibido o desejo com apenas um. Madame Bovary lê a Bíblia e sorri... Somos todos filhos dela.

AINDA O CORPO

Vamos subir o foco até a boca. Ou melhor, alcemos o olhar ao nosso palco. Sim, tanto a luxúria que tratei até aqui como a gula começam pelo olhar e pelo olfato. São pecados sensoriais. Queremos comer o que vemos e o que cheiramos tanto quanto o que imaginamos.

Hoje a palavra gula está associada a comer em excesso, sem fome, pelo prazer de comer apenas. "Vou comer este chocolatinho só por gula", diz, sorrindo, a fofa senhora que acabou de fazer uma longa refeição.

A gula é mais do que isso, meu querido leitor, minha amada leitora. São Gregório determinou que também faz parte da gula comer entre as refeições. Claro que o santo jamais frequentou um nutricionista moderno que recomenda muitas pequenas refeições. É gula aguçar o paladar com muitos temperos, gastar muito com temperos sofisticados e ingredientes luxuosos, e até manifestar grande satisfação ao comer. Devemos comer para sobreviver, e não viver para comer. Transportar prazer para a mesa e não para a obra de Deus é uma forma de idolatria, como todo pecado. Os gulosos, no Inferno, estão condenados ao terceiro círculo, onde lama e chuva castigam os que se dedicaram aos prazeres da mesa. Para agravar o sofrimento dos gulosos, Cérbero, o cão de três cabeças, fica entre eles despedaçando as almas dos comedores.

No Purgatório, onde são punidos pecados cometidos em matéria ou de forma mais leve (veniais), os gulosos passam uma fome constante, cercados de alimentos maravilhosos que somem quando são tocados. No penúltimo terraço do Paraíso estão padecendo de fome almas como Tântalo, no Inferno grego: estimulados pela visão, não alcançam o que tanto desejam. Os exemplos da Virgem Maria nas Bodas de Caná e de João Batista comendo gafanhotos no deserto são mostrados para a reeducação alimentar daquelas almas.

A igreja cristã surgiu em um meio onde as refeições, no Império Romano, tinham um significado e uma duração muito grandes. As almas cristãs foram estimuladas ao jejum, previsto no Antigo e Novo Testamento. Os padres aboliram o código alimentar judaico, facilitando a aceitação do Cristianismo. Jainistas na Índia e judeus religiosos pelo mundo apresentam essa dificuldade específica: suas regras alimentares são muito elaboradas e os interditos obrigam a certo isolamento da comunidade. Uma das raras regras alimentares fora o jejum foi a abstenção da carne vermelha da Quaresma, em particular na Sexta-feira da Paixão. Essa regra foi sendo abrandada até que, no século XX, vários bispos e até o papa criticaram o hábito de substituir a carne vermelha por alimentos ainda mais elaborados, como o bacalhau.

Nos mosteiros medievais e em colégios católicos até o século XX, a hora da refeição era acompanhada de leituras piedosas. Era uma maneira de elevar o espírito que estava ali diante do prazer da mesa, para que a inspiração religiosa não se perdesse em meio aos prazeres da refeição. Havia que se precaver de muitas formas para que não se perdesse a carne, sempre fraca, na contramão da ideia do rabino Bonder.

Curiosamente, Jesus frequentava festas e bebia. Seu primeiro milagre foi transformar água em vinho, narrado no único evangelho sobre esse milagre, o de João, e que serviu de epígrafe a este capítulo. Jesus comeu em casa de Zaqueu, homem famoso pela boa mesa e riqueza. Seu último encontro com os doze originais foi em um jantar, a Quinta-feira Santa. Nesse dia, ocorria uma cerimônia de Pessach, a Páscoa judaica. Um dos elementos mais significativos de toda a cerimônia é o preparo de comidas especiais. Jesus não pediu que algum apóstolo lesse enquanto eles comiam. Bem, talvez ele não precisasse.

Há uma parte do Cristianismo que se ergueu contra a boa mesa. Mas há outras... Podemos dizer que existe uma bifurcação cristã com o pecado da gula. Por um lado, mosteiros e conventos tornaram-se centros culinários. Licores famosos, doces refinados, cervejas especiais e quitutes variados estavam, indelevelmente, associados a essas instituições religiosas.

Em Portugal, até hoje, há nomes meio religiosos e meio profanos para esses doces. Você pode comer uma deliciosa "barriga de freira", doce conventual de tradição sólida na nossa ex-metrópole. Uma concepção original de fé batiza uma sobremesa maravilhosa de "toucinho do céu". Indica tanto o prazer celeste da comida como parece sugerir que o Céu é coroado de glicose. Assim vai uma lista enorme: bolachas do Bom

Jesus, pastéis de São Francisco e, meus preferidos, pastéis de Santa Clara. Santos famosos pelos jejuns prolongados e pela dedicação à magreza batizam iguarias que nos afastam do corpo angélico.

Quando criança eu tinha uma imensa dificuldade de compreensão do código alimentar católico, especialmente na Sexta-feira da Paixão. O dia tinha um tom soturno. Minha avó Maria falava que não poderíamos correr ou gritar. Certa feita, contou aos nossos ouvidos assustados, que uma criança tinha decidido subir alegremente em árvores nesse dia de luto pela morte de Jesus. Eis que, de repente, surgiu uma cobra imensa no alto da árvore e a devorou. A alegria era interditada. Gente mais antiga narrava até música fúnebre nas rádios.

A Sexta-feira Santa existia em um feriado que, geralmente, tinha começado no fim da quarta-feira anterior. Estávamos em família. Então, no almoço desse dia fúnebre, minha mãe trazia o bacalhau à mesa. Na região que nasci, era o único dia no qual existia bacalhau. Na forma de postas com batatas, em sala e em crocantes bolinhos, ele vinha à mesa e era muito esperado por todos. Era meu paradoxo: a melhor comida existia no dia de tristeza e luto. O clima dizia algo que a mesa contrariava.

Sim, por um lado, muitos frades comiam bem e muito da cozinha ocidental passa pela tradição religiosa. Por outro lado, sempre houve um louvor e um estímulo ao jejum e à moderação à mesa. Os homens de Deus ficaram muito famosos pelos prolongados períodos sem comer nada.

Santa Maria Egipcíaca (entre o terceiro e quarto século) era uma moça muito bonita que se entregou à prostituição na grande Alexandria. Meio por tédio, meio por perspectiva de mais clientes, embarcou em uma viagem a Jerusalém com um grupo de peregrinos. Ao tentar ingressar na Igreja do Santo Sepulcro, uma estranha força a impediu. Começou a ficar atenta a um plano espiritual que jamais percebera antes. Através de vozes e visões, foi conduzida a uma conversão e rumou para o deserto, para se tornar uma asceta, uma pessoa que vive solitária praticando penitências em cavernas como o já citado Santo Antão.

Assumindo uma vida de total austeridade, especialmente com a comida, solitária e em jejuns prolongadíssimos, ela ficou isolada por quase cinquenta anos, sem encontrar outro ser humano, com o cabelo longo a cobrir o corpo que já não tinha roupas. Um dia antes de morrer, encontrou outro santo, Zósimo, a quem contou sua vida e dele recebeu a comunhão e uma capa para se cobrir. Tornou-se um modelo de santidade e de enfrentamento do corpo.

Santa Maria do Egito é uma das mais famosas anoréxicas da história. Sempre representada como uma mulher esquelética, ela segue o caminho interessante da anorexia do altar. Os santos são magros, com a exceção notável de Tomás de Aquino. Tomás dizia comer muito pouco, mas tinha uma vasta corpulência, sendo o pioneiro daquela famosa história: eu não como nada e vivo engordando...

Dois pesquisadores publicaram um texto interessante: *Do altar às passarelas, da anorexia santa à anorexia nervosa*[8]. O texto analisa a lipofobia, o horror à gordura do mundo, seja por base religiosa ou estética. O corpo continua incomodando até hoje. A luta contra a gula, a luta contra a gordura, a educação pela penitência ou pelas academias, por motivos religiosos ou da fluidez contemporânea: o corpo é sempre alvo do moralismo teológico ou lipofóbico.

Há um demônio específico para a gula. Chama-se Belzebu, ou seja, o senhor das moscas. É meu dever alertar o leitor: como todo demônio, ele nunca atrai com o discurso do mal ou do pecado. Mentirosos e sedutores, os demônios são verdadeiros políticos. Dizem à consciência frágil do pecador que depara com a chance de uma comida muito boa: "Coma, você está se privando há semanas de coisas boas, você merece." Ou: "Pegue aquela coxinha, você já foi à academia hoje e pode." Assim, seduzidos pelo bem, somos vítimas do

[8] CORDAS, Taki, WEINBERG, Cybelle. São Paulo: Annablume, 2010.

mal. A política demoníaca criou a estratégia básica de vendas até hoje: primeiro fale dos benefícios de tudo, só depois, do preço a pagar por eles.

Acompanhe, meu faminto leitor: frades e freiras eram e são famosos pela boa cozinha. Mosteiros vendem compotas e pães com amêndoas até hoje. A imagem de um frade gordo e bom de copo acompanha o Cristianismo há muito tempo. Frei Tuck, da lenda de Robin Hood, é só um dos milhares de exemplos de religiosos rubicundos. Comer como um vigário era expressão antiga para quem acompanhava o rito da mesa com satisfação enorme. E, em todos esses conventos onde as cozinhas não cessavam de produzir iguarias, imagens piedosas de santos magros e marcados pelo jejum adornavam as paredes. Que os santos sejam magros, nós cá na Terra nascemos para babar com travessas suculentas.

Tenho ouvido, com frequência, discursos de pessoas que, para alcançar determinada graça, prometem eliminar o chocolate por um período. Observo intrigado essa nova mística da classe média. Abster-se de chocolate mostra capacidade de renúncia, especialmente para um chocólatra. Como bônus, ganha-se em forma física e garante-se uma graça. É uma promessa dupla: emagreço e consigo um benefício do Céu. Nunca passa pela cabeça dessas pessoas não pensar mal da sogra, fazer uma oração por um político ou, simplesmente, não fazer fofoca durante a Quaresma. Cortar o chocolate é mais fácil e mais produtivo. Esse sacro comércio é ainda melhor: além de emagrecer, sempre é comunicado às pessoas próximas. Oferecem uma mousse de chocolate belga com aparência de fazer Santo Antão fraquejar. Eu afasto o prato demoníaco e digo: "Não posso, fiz uma promessa muito dura por amor a um filho." Todos me olham admirados à mesa. A magreza era um bom bônus, agora ganhei admiração. Mas pode ser que eu, piedoso e discreto, nada conte sobre esse meu sacrifício. Guardo apenas para mim a renúncia ao cacau e tenho alegria interna pensando em como amo tal pessoa e como sou bom. Voltamos ao tema de sempre, a vaidade é o primeiro pecado.

O PÃO NOSSO DE CADA DIA

Um dos sete pedidos do Pai-Nosso, a única oração ensinada por Jesus, fala do pão de cada dia. Peço várias coisas, mas peço também o sustento do corpo na metáfora do pão.

Estudei em um colégio do interior do Rio Grande do Sul, o São José, onde as freiras assavam pães nos fornos da escola quase todos os dias. O cheiro era mais forte no corredor da capela; aquele cheiro muito bom de pão fresco e quentinho sendo assado em forno à lenha. Eu o sentia da capela e o cheiro do pão distraía qualquer tentativa (já escassa) de concentração. Viram como Belzebu atua?

Mas voltemos ao pão. Jesus teve fome no deserto e o demônio sugeriu que transformasse as pedras em pão. Ele se recusou, e citando o texto sagrado, afirmou que nem só de pão vive o homem. Já mencionei o cardeal inquisidor criado pelo grande Dostoiévski no livro *Os irmãos Karamazov*. Na obra do russo, se Jesus tivesse transformado as pedras em pão, teria atraído muito mais gente para a religião, pois o povo busca o conforto básico do alimento. Ao apresentar um afastamento do pão e uma defesa de valores maiores (e abstratos), Jesus teria idealizado uma religião para poucos. O pão, a comida imediata, o fim da fome; esses eram valores que poderiam ser muito alardeados. A busca das coisas elevadas do Reino de Deus; esse é um valor para pouca gente.

Mencionei que o esforço de domar os corpos é o grande esforço da religião moral. Não existia isso na Grécia, pois a moral não era um fato amalgamado com os mitos. Os deuses gregos não eram entidades morais, e, como tal, compartilhavam com os homens desejos, limitações e impulsos. A religião grega e os corpos dos gregos estabeleciam relações distintas das do Judaísmo ou Cristianismo.

Para você sentir essa diferença cultural, compare a cena na qual Deus se revela a Moisés em uma sarça ardente (Êxodo 3). O futuro legislador dos hebreus vai a uma área isolada para admirar o fenômeno e depois é obrigado a retirar as sandálias. A cena, bastante conhecida, é tomada dessa grandiosidade que marca uma mudança na concepção de Deus. O Deus intimista de Abrão e de Jacó, capaz de comer pão ou lutar, assume um papel mais grandioso e precisa de mais intermediários. Mas reconhecemos aqui o sagrado se expressando, e imaginamos, ao ler o Êxodo, o impacto e a grandiosidade de Deus. Se um grego lesse esse texto e soubesse que quem chamava o nobre pastor era Zeus (Júpiter para os romanos) teria outra ideia. Zeus chamava atenção com fenômenos variados: uma águia, um touro, uma chuva de ouro... Em todos os episódios, era um estratagema para conquistar, sexualmente, homens e mulheres que o tinham agradado. Se Zeus mandasse alguém tirar as sandálias, sua intenção seria distinta daquela narrada no Êxodo. Essa é a diferença de concepção entre uma religião moral e uma não moral.

Os puristas podem dizer, e eles têm razão, que religião não é algo que se deva aplicar a gregos, pois religião deriva de religar, uma ordem metafísica perdida, uma questão que não existia na Grécia. Mas este não é um livro de conceitos e muito menos um livro para os puristas, mesmo os conceitualmente corretos.

O Céu cristão é um espaço assexuado e sem comida ou prazeres do corpo. Curiosamente, o Inferno é o espaço da matéria, pois, mesmo sendo almas, e como tal não tendo corpos, toda a tradição infernal fala de sofrimento físico, fome, frio, dores e torturas. O Inferno é o corpo e o Paraíso é o puro espírito. O corpo nos inclina à matéria e ao pecado, assim dizia a mais sólida e histórica tradição moral cristã.

Seu corpo é seu inimigo moral. Seu corpo arde de desejo, ronca de fome, pisca de sono, eructa, flata; tem vida própria. Sua alma tem alguma esperança. Nietzsche dizia que o Cristianismo era platonismo para as massas, algo como uma versão genérica e mais fácil do filósofo grego. O que vale a pena está além de nossos órgãos dos sentidos. Por muitos séculos, a maior heresia moral continua sendo essa tentativa de unir corpo e alma e entender biologia fora da leitura de valores.

Algumas vertentes do Cristianismo valorizaram o controle do corpo. É interessante notar como hoje, em período de tão forte descristianização nas cidades ocidentais, a domesticação do corpo esteja ainda em alta. Sacrifícios, dietas, exercícios, tudo vale nesta nova moral estética.

Os homens medievais cravaram cilício na carne, espinhos pontiagudos para castigar o domínio corporal. Os homens contemporâneos correm em uma esteira até se esgotarem. Os homens morais comiam pouco para jejuarem e demonstrarem como amavam a Deus. Os contemporâneos comem pouco para reduzirem sua taxa de gordura. Os homens de outrora perdiam parte dos prazeres da vida para terem acesso ao almejado prazer da eternidade. Nós, agora, abrimos mão de muitos prazeres pelo prazer da disciplina, da admiração física e que exaltem nossa contínua capacidade de disciplina e empenho. Na Idade Média, todo esse sacrifício chamava-se fé. Hoje, é mais comum que denominemos autoestima, empreendedorismo e *coaching*. Mesmo sendo eu um não religioso, sou obrigado a questionar: a fé oferecia o Paraíso eterno em troca de toda essa renúncia. O que espera o empreendedor hoje após tudo isso? O mundo corporativo é ruim em metafísica.

Capítulo 5

O excesso e a falta: irritados, avarentos e preguiçosos

"Quando as pessoas deixam de acreditar em Deus, elas não passam a acreditar em nada, elas passam a acreditar em qualquer coisa."

G.K. Chesterton

Confesso leitor: o mundo me irrita com frequência. Meu desespero é com o ritmo ou, usando algo mais contemporâneo, com o *timing* das pessoas. Tenho pressa, trabalho muito, tenho pouco tempo para as coisas simples do cotidiano, como comprar no supermercado, mas faço. Resignado, coloco rapidamente o que preciso no carrinho e vou para o caixa. Admiro quem encontra prazer em meio a gôndolas de produtos de limpeza e congelados: para mim são o novo círculo do Inferno.

Talvez seja sina, carma, destino ou punição: à minha frente SEMPRE tem alguém com algum problema. Ora é o cartão que a pessoa não acha, ora é a necessidade de pagar uma conta no caixa ou colocar créditos num celular que aquele ser não lembra bem o número... De outra feita é alguém que, tendo encerrado a compra, lembra-se de um amaciante e sai do caixa sorrindo "só um minutinho". Para mim, estes seres, Carlos Drummondianamente, são uma "pedra no meio do caminho". "O inferno são os outros", e Sartre me ocorre mais no caixa do supermercado do que na sala da universidade.

Sei que é errado irritar-se com coisas pequenas. A vida não deve tropeçar nesses ladrilhos cotidianos. Tenho consciência de que os sábios libertam-se deste tipo de coisa. E... irrito-me sempre.

Outro altar onde imolo minha paciência virgem: o trânsito. Um carro está à minha frente por bastante tempo. Nele há um jovem casal. Chegam a um sinal vermelho. Um deles deve descer naquele momento. Na minha cartesiana cabeça, o momento exato é quando o sinal fecha. Não, caro leitor, não é assim. O momento exato para abrir a porta, retirar o cinto, pegar uma pasta ou coisas do gênero, é quando o farol abre. Na ampulheta da vida sinto os grãos correrem. É isso que basta? Claro que há mais. O que se vai fica dando um último recado no vidro aberto, de pé ao lado do carro, despedindo-se ou terminando um assunto. E eu com minha ampulheta inexorável diante dos olhos. Por fim, milagre dos milagres, termina o ciclo de impedir o trânsito e o carro arranca no último instante de um novo amarelo. Fica vermelho para mim e eu não posso seguir. Bufo, emito sons, nado de peito na piscina da minha raiva. Minha bílis amarela, aquela que na medicina antiga detonava a cólera, ferve.

Chego à aula tendo enfrentado o caixa do supermercado e o trânsito. O dedal de tolerância que recebi ao acordar esgotou-se há horas. Começo a tarefa que amo: dar aula. A aula, como sempre, começa lenta e vai crescendo. As ideias vão ficando mais complexas. A atenção dos meus alunos está no máximo, em determinado momento. Estou subindo a ladeira do conhecimento e, de repente, toca um celular. Quebra-se ao meio o vaso de cristal do foco. Sinto um ódio intenso daquele ser. Penso comigo mesmo: eu não poderia andar armado. Portador de um revólver, minha carreira homicida teria começado no mercado, deixado um rastro trágico no trânsito e terminado com um tiro no meio da testa do aluno que interrompeu a aula com seu aparelhinho. E tudo isto seria feito sorrindo. Sou um iracundo: um homem atacado pelo mal da ira.

No inferno, eu estaria no Quinto Círculo, dos iracundos, atolados nas águas escuras do Estige. No Purgatório, eu estaria condenado à terceira cornija da montanha. Teria de contemplar imagens do manso Santo Estêvão que, mesmo sendo apedrejado, rezava pelos algozes. Também teria de meditar na Virgem Maria que, estando desesperada pela perda do filho aos 12 anos, reencontra-o sem raiva. Entoaria um "Agnus Dei", um "Cordeiro de Deus", como prevê Dante, para que, em meio a estes estímulos visuais e sonoros, eu pudesse ir acalmando minha alma cheia de ira. *"Cordeiro de Deus, que tirais os pecados do mundo, dai-nos a paz."*

Viver em sociedade é submeter-se a ritmos distintos, visões distintas, aparências e tons de voz distintos. Viver fora da ilha de Robinson Crusoé é concordar que meu "eu" não reine soberano. Conviver é sempre abrir mão de elementos da minha liberdade, esperar que os outros abram mão de um pouco da liberdade deles e, juntos, possamos achar um ponto onde o "nós" seja possível. Isto sempre pareceu lógico e até agradável para escrever. Mas daqui a pouco encontrarei alguém que, num trânsito carregado, decide ficar falando animado ao celular quando abre o sinal. Neste momento, essa reflexão dá lugar a um impulso, digamos, menos pacífico.

A ira não nasceu com a moral cristã. Era famosa em Aquiles, especialmente ao ter seu amigo/amante Pátroclo assassinado. Heitor será o alvo dessa fúria de Aquiles. Os guerreiros da Ilíada apresentam esta passionalidade e o poema, no fundo, louva esta fúria. Grandes heróis mitológicos, como Hércules, cederam a uma fúria destruidora. Estes heróis são marcados pela desmedida, pela *hybris*.

Ainda na Grécia, mas já no período clássico, há uma história sobre Sócrates. Diziam que sua mulher, Xantipa, era muito irritadiça. Gritava o tempo todo e, apesar da aparência do filósofo, tinha muitos ciúmes dele. Um dia, tendo gritado muito com o mestre de Platão, não obtendo atenção, jogou-lhe uma jarra de água fria na cabeça. Calmo e imperturbável, o filósofo teria dito: "É sempre assim... depois da trovoada vem a chuva." Xantipa era a trovoada, com suas reclamações, e também a chuva, por seu ato irritado de derramar água.

O sábio é como Sócrates. Ele sabe que poucas coisas são importantes a ponto de provocar irritação. O sábio não se abala com os atos pequenos. Sócrates estaria feliz, ou ao menos calmo, no mesmo caixa do supermercado no qual estou a ponto de virar um *serial killer*. O sábio é dono da sua perfeita paz. Se alguém me enfrenta, grita, perde o controle, está me convidando para entrar no universo perturbado dele. O idiota aceita todos os convites. O sábio declina de todos. Se a paz é minha e a perturbação é do outro, não existe motivo para trocar esta propriedade. Esta é a saída sábia para todo enfrentamento. Sócrates foi calmo até quando bebeu o veneno que os atenienses lhe impuseram.

A ira é inimiga da sabedoria. A filosofia estoica greco-romana adverte sobre a necessidade de estar indiferente às oscilações do destino. O imperador romano Marco Aurélio (121-180) escreveu, no livro 2 das suas Meditações, que devo estar preparado para encontrar, todos os dias, pela manhã, ingratos, arrogantes, antissociais e muitos outros tipos. Estas pessoas não conhecem o bem nem a verdade. Elas não podem roubar a minha paz interior. Porém, adverte o imperador filósofo, são feitas da mesma matéria que eu, padecem dos mesmos males, e devo compreender isso ao invés de ficar com raiva.

Um dia, sob a sombra das montanhas do Butão, um amigo budista deu-me uma lição sobre a ira. Ele disse que, para os budistas, a palavra "raivosa", o ódio, o descontrole e a irritação são como jogar uma brasa em alguém que detestamos. Quando grito com alguém, jogo esta brasa na pessoa com o intuito de atingi-la. Talvez eu consiga jogar esta brasa nela. Talvez a machuque. Talvez. Mas, com certeza, queimarei minha mão. O problema do ódio, para um budista, é o quanto ele me atinge e menos o quanto ele atinge o outro.

Os budistas dizem que as pessoas difíceis estão na nossa vida para queimar carma. Elas nos ajudam mais do que as pessoas fáceis. As pessoas agradáveis, tranquilas, que nos elogiam e agradecem tudo, estimulam nossa vaidade. As que nos enfrentam, as problemáticas, as rancorosas e invejosas, desafiam nosso "eu" e nos obrigam a pensar. Os difíceis estimulam nossa evolução.

Analisando este princípio budista considero que sou particularmente abençoado na busca da evolução, porque estas pessoas existem em grande quantidade na minha vida. Tenho tudo para evoluir muito.

A psicanálise teria muito a dizer sobre quem se acha perseguido. Quase sempre temos prazer intenso em encontrar nossos opostos. Quando sou organizado e pontual e encontro alguém caótico e atrasado, algo em mim sorri: o desregramento reforça minha regra como a moldura dourada destaca o quadro escuro. A coisa que alguém magro mais necessita para estar bem é alguém gordo, arfando, sem fôlego. Só um gordo acalma um magro na sua luta épica e lipofóbica. A conta negativa do conhecido faz brilhar a poupança planejada do homem dedicado ao zelo financeiro. O que mais acalma um homem tranquilo é um colérico. O que seria da virtude sem o pecado?

BEM-AVENTURADOS OS PACIFICADORES

O ataque à ira também é feito no Evangelho. No chamado núcleo duro das ideias de Jesus, o Sermão da Montanha (Mateus 5, 6 e 7), é dito que os mansos receberão a terra por inteiro (Mt 5, 5) e os que promovem a paz são felizes, pois serão chamados filhos de Deus (Mt 5, 9). Diante da injúria, do ataque e da difamação, o cristão sincero deve se alegrar, pois assim perseguiram os profetas antes de nós (Mt 5, 11-12). Radicalizando, Jesus manda ser mais amoroso ainda com os inimigos (Mt 5, 43-48).

A perseguição é injusta? A calúnia dói? A fofoca lhe fez chorar? A bofetada física ou verbal atingiu você no fundo? Foi traído pelos seus? Quem se dizia fiel foi falso? Tudo isto aconteceu com Jesus e este é o modelo. A ira, mesmo quando você tem razão, é um erro. Jesus sofreu tudo isto como Cordeiro de Deus. Pela tradição, o cordeiro é o animal que não reclama da morte, não grita, apenas chora.

Mas vamos a uma passagem estranha do Cordeiro de Deus. Só há um trecho nos Evangelhos no qual Jesus exerce força física e emotiva. Trata-se da expulsão dos comerciantes do Templo. No pátio do chamado Segundo Templo, ficavam vendedores de animais para os sacrifícios, como pombas brancas. Também estavam cambistas que trocavam as diversas moedas de judeus de todo mundo pelo dinheiro aceito para o pagamento dos tributos do Templo. Prestavam um serviço necessário, mas exerciam esta atividade e obtinham lucro dentro do Templo.

Vamos entrar na psicologia de Jesus. Ele frequenta o Templo desde a infância. Está perto de morrer, pois o evento é parte do ciclo da sua paixão. Ele vê aqueles vendedores todos os anos, quando sobe a Jerusalém. Um dia, esteve perdido naquele lugar, aos 12 anos, e deve ter observado mais do que de costume. A retina do menino guardou aquela cena de burburinho comercial, gritos em diversas línguas, trocas de moedas, pechinchas: um clima de mercado. Religioso, ano após ano, Jesus foi aumentando sua irritação contra aquele sacro comércio. Gente se aproveitando do local santo e do próprio Deus para enriquecer? Que coisa absurda aos olhos de Jesus! O menino virou homem e, ano após ano, vê a mesma cena. Há décadas que o espetáculo o provoca.

Faltam poucos dias para Jesus sofrer o sacrifício da cruz. Sua entrada em Jerusalém foi grandiosa, algo que os cristãos lembram como o "domingo de Ramos". Como momento psicológico, a tensão interna de Jesus está no máximo. A corda está retesada no arco da memória.

Segundo Mateus, Jesus entrou no Templo e expulsou os comerciantes. "Derrubou as mesas dos que trocavam moedas e as bancas dos vendedores de pombas" (Mt 21, 12). Gritou que tinham transformado a casa de oração num antro de ladrões. Marcos acrescenta que Jesus "não permitia que se carregassem objetos passando pelo templo" (Mc 11, 16). Lucas diz o mesmo no capítulo 19. João, o evangelho diferente dos outros, acrescenta mais dados. A narrativa joanina dá a entender que há mais de uma expulsão dos vendilhões, pois este Evangelho narra este fato longe da Paixão, logo no início da vida pública de Jesus (Jo 2,13-17). Mas João dá mais informações: Jesus fez um chicote com cordas e, com este instrumento, expulsou os mercadores, expulsou os animais, derrubou as mesas dos cambistas e mandou que todos tirassem suas mercadorias para que a casa do Pai não se transformasse num mercado.

Moisés e Maomé foram líderes religiosos e homens de fé que também coordenaram exércitos e batalhas. Moisés e Maomé, em nome do que acreditavam, tornaram-se, de alguma forma, generais de Deus. Ambos receberam revelações divinas e estabeleceram estratégias militares para vencer inimigos. Jesus é apresentado, pelos cristãos, exclusivamente, como um profeta do amor, da compaixão e da caridade. Esta cena é pouco explorada pela imagética cristã, ainda que El Greco e Rembrandt a tenham imortalizado.

Existem festas para quase todas as passagens da vida de Jesus: anunciação, nascimento, circuncisão, transfiguração, entrada em Jerusalém, morte, ressurreição e ascensão aos céus. Não há uma festa da expulsão dos mercadores do Templo. Os católicos meditam, com o rosário, mistérios gloriosos, mistérios dolorosos, mistérios gozosos e, mais recentemente, mistérios de luz. São vinte cenas relacionadas a Jesus, seus milagres, sua mãe, seus ensinamentos. Nada disso aparece nesta cena: Jesus com um chicote na mão derrubando mesas e gritando com fúria. Em geral não é a cena do Bom Pastor ou do pregador daquele Sermão da Montanha.

Existe uma assim chamada fúria santa. É uma ira divina ou uma dureza ditada pelo Altíssimo. Muitos profetas a manifestaram. Natan diante de Davi. Elias diante do rei Acab e da sua pérfida esposa. O mesmo ocorre no Novo Testamento em passagens da vida de Pedro e Paulo, inflamados de fúria contra um procedimento mau. Há trechos da fala de Agostinho de Hipona ou de Bernardo de Claraval que indicam uma personalidade, ao menos, forte. O rebanho de Deus apresentou diversos tipos de ovelhas, algumas com mais testosterona do que outras.

Qual seria a diferença da ira de Jesus e dos santos e profetas da nossa raiva cotidiana? Vou seguir o caminho dos religiosos para explicar. A ira diz respeito ao meu "eu", ou, em linguagem mais moderna, ao meu narciso ferido. A ira é porque você não respeitou a mim, passou sobre o meu espaço, ignorou-me, cruzou na minha frente, agrediu-me com palavras e cortou com seu carro o meu campo visual. O pecado da ira é contra você por ter me atingido. Nasce do meu orgulho sempre, o primeiro pecado, e ataca você.

A fúria santa, a indignação dos profetas, a fala dura de Jesus contra os fariseus não diz respeito a um ataque pessoal, mas a uma ofensa à lei de Deus. Não sou o atingido ou a vítima, mas o advogado da vítima. Não falo pelo meu orgulho, mas pelo bem maior do plano de Deus. Também não ataco, exatamente, uma pessoa, mas o ato. Odeio o comércio no

Templo, a idolatria a Baal, a farsa de Ananias e Safira, não os odeio exatamente.

Não sei se os vendedores do Templo sentiram muito bem esta diferenciação. Poderíamos dizer que, se o assassinato é doloso ou culposo, se houve intenção de matar ou não, faz diferença para o assassino diante da lei, não para a vítima fatal. Morto por acidente não desejado ou por clara premeditação, o cadáver continua sendo, rigorosamente, um cadáver.

A fórmula da Igreja medieval é muito boa: devemos odiar o pecado e amar o pecador. Irrito-me com a fraude, denuncio, não me calo. Porém, devo amar o fraudador e lutar para que ele abandone a prática, que, no fundo, prejudica mais a ele do que a qualquer outra pessoa. A fórmula é boa, a prática difícil.

A ira contemporânea tem uma base interessante. Estamos numa sociedade sem sinais de nobreza, códigos claros de roupas, etiqueta formal. Ao contrário do Antigo Regime europeu, período no qual cada um sabia qual seu lugar na pirâmide do mundo, o nosso oscila muito. Diluídos no convívio com estranhos nas grandes cidades, submetidos a filas e ao trânsito, nada sabe o outro sobre mim além de algumas deduções a partir da minha roupa, carro ou tipo físico. O dinheiro é um critério, claro, mas é um critério que varia e que pode estar comigo hoje e com outro amanhã. Nada garante minha posição.

Neste mundo sem distintivos permanentes, somos expostos a um convívio muito próximo. Os aviões estão lotados como os ônibus. Os centros de compras, os hospitais, as praias, os espetáculos: tudo transborda. Minha raiva é uma maneira de demarcar espaço. Minha voz auto-afirma que eu sou alguém diferente. Meu grito marca meu espaço como um ser distinto daquela massa. O famoso "você sabe com quem está falando?" só pode indicar que ninguém mais saiba isto. Este é o drama contemporâneo: num mundo no qual ninguém sabe com quem está falando, eu tenho que gritar cada vez mais, e buzinar, e ficar indignado com a violência crescente porque, no fundo, não sou mais ninguém. A ira atual pode ser filha da nossa insignificância. Berro cada vez mais alto por estar, no fundo, cada vez mais baixo.

Sei que já está ficando meio monótono repetir: lida da maneira que fiz no parágrafo anterior, a ira também é filha do orgulho. O orgulho, sempre o orgulho, é a pedra fundamental de tudo.

CAIXÃO TEM GAVETA?

O pecado da avareza tem raízes medievais. Não aparece muito na Bíblia. Alguns homens tinham dinheiro, como Zaqueu, porque roubavam de muitos. Ele era de baixa estatura. Cobrava impostos em Jericó. Subiu numa árvore para ver Jesus e ganhou a atenção do mestre (Lc 19, 1-10). Tocado pelo olhar do Nazareno, Zaqueu promete dar metade dos seus bens e devolver até quatro vezes se tomou algo injustamente. Zaqueu é o modelo do pecador arrependido que Jesus valoriza. Mas Zaqueu não é descrito como avarento. É um homem que foi humilde a ponto de aceitar o chamado de Jesus. Zaqueu desceu da árvore e isto foi sua atitude salvadora. Na Igreja Ortodoxa este texto é lido como preparação para a Quaresma, o período no qual devemos refletir sobre descer das nossas árvores e encontrar a Deus.

A avareza torna a pessoa desviada. Ela passa a confiar nos bens materiais e não em Deus. Presta mais atenção em acumular do que em dar. Há críticas frequentes nos Evangelhos em estocar bens neste mundo. O modelo, estabelecido pelo já citado Sermão da Montanha, é imitar os lírios do campo e as aves do céu, que vivem despreocupadamente. A ideia síntese desta linha de pensamento está em Mateus 6, 24: “Ninguém pode servir a dois senhores: ou vai odiar o primeiro e amar o outro, ou aderir ao primeiro e desprezar o outro. Não podeis servir a Deus e ao Dinheiro!”.

De novo: o Evangelho fala muito da preocupação com riquezas como obstáculo à entrega a Deus. Mas a avareza, especificamente, teria de crescer mais tarde. O mundo medieval criaria muita reflexão sobre o defeito de ser avarento. Em Dante, os avarentos são punidos ao lado dos pródigos, ou seja, daqueles que desperdiçaram sua fortuna. No quarto círculo, ambos empurram pedras em caminhos opostos e se insultam. Uma entidade greco-romana, Pluto (o deus da riqueza) grita na entrada: "Pape Satàn, pape Satàn aleppe." O significado desta frase nunca foi definido claramente. As almas castigadas no Quarto Círculo não tiveram o cuidado devido com as riquezas. Os avarentos pensaram demais nela; os pródigos pensaram pouco. Nas profundezas infernais Dante encontra cardeais e papas, hóspedes abundantes no local onde são punidos os amantes das riquezas. Não se pode servir a Deus e ao dinheiro.

A crítica medieval e moderna à avareza foi base também do antijudaísmo. O judeu passou a ser criado como o tipo que só pensava em dinheiro. Christopher Marlowe (1564-1593) criou uma figura caricata de avarento na peça *O Judeu de Malta*. William Shakespeare (1564-1616) inventou Shylock, uma figura avarenta e astuciosa em Veneza. Curiosamente, nem Marlowe nem Shakespeare conviveram com os judeus, que tinham sido expulsos da Inglaterra bem antes. Escreveram baseados apenas nos preconceitos comuns do século XVI. Usura e avareza eram parte das muitas acusações que o catolicismo jogava sobre os judeus e que, num ritmo constante e acrescentadas de outras acusações, desaguariam no horror do Holocausto. O antijudaísmo viraria antissemitismo e ambos abririam os portões trágicos de Auschwitz.

A crítica à avareza variou de objeto e de forma. No século XIX, quando Charles Dickens (1812-1870) cria seu conto de Natal (1843: *A Christmas Carol*) o avarento não é um judeu, mas um burguês urbano, misantropo e frio. O horror do detestável Ebenezer Scrooge ao Natal é o horror aos gastos com presentes, horror às alegrias das festas e horror ao espírito generoso de Natal. Visitado por fantasmas que mostram seu passado, presente e futuro, o avarento seria tocado pelo espírito natalino. Ao final, um novo Ebenezer seria generoso com seu funcionário e sua família. A redenção tocou sua alma e o nascimento do menino-Deus lavou sua dureza avarenta.

A cultura popular criou suas críticas aos avarentos e à falta de caridade com os pobres. A frase-advertência “caixão não tem gaveta” lembra, no Brasil, que a morte é um limite intransponível para nossos bens e que este nada vale no mundo pós-morte. A frase serve para nos lembrar do destino comum e universal de todos os humanos e como nossos bens são inúteis para isto. É uma atualização popular do Sermão da Montanha. Mas a frase é também uma mostra da fraqueza das relações capitalistas no país.

A ascensão do capitalismo tornou o acúmulo de bens um valor muito forte. Os avarentos e mesquinhos foram se tornando os investidores que qualificam seus gastos. Aliás, uma das características contemporâneas é a transformação dos defeitos. Orgulho virou autoestima; avareza foi transformada em prudência financeira; a gula é o combate à anorexia.

O dinheiro não é um mal em si, na doutrina da Igreja. Os ricos têm obrigações distintas dos pobres e ambos caminham para Deus. A caridade é obrigatória para o rico. O dinheiro serve para servir. Muito dinheiro significa, tradicionalmente, muita condição de ajudar. Os santos mais importantes como Francisco de Assis ficaram libertos do dinheiro e viveram em santa e absoluta pobreza. Uma das coisas mais fascinantes da história é que a Igreja que o canonizou, e disse que era modelo forte para a vida cristã perfeita, é uma instituição rica. Até hoje o leitor encontrará religiosos pobres, mas terá dificuldade em encontrar instituições religiosas pobres. Aparentemente, a fé liberta da avareza e, de bônus, liberta da pobreza.

AI, QUE PREGUIÇA!

A frase de nascimento do pequeno Macunaíma é um pecado capital. Mas estamos diante de um pecado relativamente novo. Vejamos.

O pecado capital da preguiça entrou tarde na lista dos sete com este nome. Antes, era comum se falar em acédia (ou acídia), que o dicionário Houaiss define como "enfraquecimento da vontade" e "melancolia profunda". O próprio catecismo católico atual parece ficar em dúvida sobre o nome deste pecado. Lemos no parágrafo 1866 do Catecismo Oficial:

> "Os vícios podem classificar-se segundo as virtudes a que se opõem, ou relacionando-os com os *pecados capitais* que a experiência cristã distinguiu, na sequência de São João Cassiano e São Gregório Magno. Chamam-se capitais, porque são geradores doutros pecados e doutros vícios. São eles: a soberba, a avareza, a inveja, a ira, a luxúria, a gula e a preguiça ou negligência (acédia)."

A dúvida do final do parágrafo é um pouco a transformação do problema. O pecado que hoje chamamos preguiça já foi chamado melancolia ou acédia.

A melancolia era uma espécie de depressão difusa, especialmente nos séculos nos quais depressão não era considerada doença. Vivemos um período no qual todos os comportamentos humanos são medicalizados. Atividade em excesso, melancolia, insônia: tudo tem uma causa médica e uma solução, frequentemente, química.

É um fenômeno curioso e muito atual. O indivíduo, bastante centrado em si, não encontra ânimo no trabalho, no estudo ou na vida familiar. Assim, diagnostica para si que se trata de um processo depressivo, centrado nele e tratável. Pode ser? Claro que pode. Mas imaginemos um minuto se ele supusesse que o problema esteja de fato num trabalho monótono ou numa família difícil. É raro alguém achar o problema fora de si, como se o trabalho e a família, por natureza, devessem ser bons e instigantes.

No passado, a melancolia estava relacionada ao planeta Saturno sobre nós. Para a medicina arcaica, Saturno estimulava a secreção da bílis negra, que tornava o indivíduo pesaroso, triste, sem iniciativa e até com impulsos suicidas. A ênfase religiosa antiga na dor e na culpa poderiam estimular este sentimento. Jesus, modelo para o cristão, nunca foi descrito rindo, mas aparece chorando várias vezes nos evangelhos. Riso, alegria, descontração e leveza eram confundidos com falta de consciência do drama cósmico da salvação da alma. Houve um longo período no qual mau humor era visto como seriedade.

Um cristão deve ser alegre. Ele acredita no Evangelho, palavra que vem do grego e quer dizer "Boa Nova". Quem tem a boa nova fundamental no coração deve, por definição, ser alegre. Mortes não abalam o cristão: são o início da vida eterna. Bens perdidos devem ser tratados como o paciente Jó encarou: Deus dá, Deus tira, bendito o nome do Senhor. A alegria do cristão deveria ser imperturbável. Melancolia não deve estar no coração piedoso.

A melancolia e a acédia são vagas demais para caracterizarem como pecados. Pior: roçavam num comportamento que até poderia ser positivo, qual seja, a seriedade diante das coisas. O pecado de Hamlet, esta tristeza permanente que coloca sombra sobre tudo, poderia ser, em última instância, fruto da consciência diante dos fatos.

A partir do século XVI, com a ascensão de uma economia no mundo e a aceleração das relações capitalistas, foi ficando mais clara a necessidade de valorizar o trabalho. O comportamento (o *ethos*) medieval da contemplação foi sendo cada vez mais criticado, especialmente entre novas correntes de pensamento religioso, como o Calvinismo. Deus foi sendo associado ao trabalho, à ordem, à pontualidade e ao esforço pessoal permanente. Surge, assim, a semente do futuro *workaholic*.

O trabalho é um vício positivo e uma atividade tão boa que passou a ser considerado a única causa ética de suicídio no Ocidente: "Estou me matando de tanto trabalhar." O relógio que se insinuava em algumas praças de cidades medievais, torna-se onipresente e atinge os lares. O ponteiro de horas, o único a existir por séculos, vai adquirindo o ponteiro de minutos e, depois, o de segundos. *Tempus fugit*: o tempo foge e passa rápido, anunciam os moralistas. Apesar de ser uma frase encontrada lá no mundo romano com Virgílio, deixou de ter sentido metafísico e passou a ter sentido físico. Viramos uma sociedade que corre com o tempo.

Existe um "desencantamento" do mundo que o alemão Max Weber (1864-1920) trabalhou. Há, também, uma descristianização em curso, pelo menos, desde o Iluminismo. Os homens pararam de dar explicações metafísicas gerais. Doenças e mortes deixaram de ser aceitas como parte natural do jogo. O destino passou a ser comandado pela vontade soberana do indivíduo, do *self-mademan*, a fabulosa expressão do afro-americano Frederick Douglass (1818-1895). Tudo isto indica que a preguiça teria de deixar o campo de Saturno e da Bílis Negra e teria de ser incorporada ao campo da vontade. A preguiça, cada vez mais, é uma opção de vida, assim pensa nosso mundo.

Tornar melancolia/acédia em preguiça é também deslocar o campo para o indivíduo. Belfegor, o demônio da preguiça, existe. Ele atua, especialmente pela manhã, ao despertar, e depois do almoço. Você já o sentiu: é uma moleza generalizada após a refeição principal, uma vontade de não fazer nada, uma sugestão ao sono ou à indolência. Ele existe. Mas, no mundo do homem que se faz, pode ser exorcizado.

A preguiça foi construída nos séculos XIX e XX juntamente com o capitalismo. Ela é fruto da Revolução Industrial, da urbanização e do Imperialismo. Alguém é rico? Esforçou-se, trabalhou mais, estabeleceu metas e cresceu. Alguém é pobre? Evidentemente, um preguiçoso, dizia o pensamento do capitalismo liberal. Sempre houve religiosos que interpretaram riqueza e pobreza como determinações celestes. Sou pobre, por exemplo, porque em outra vida usei mal meu dinheiro e vim nesta para purgar o equívoco passado. Destino, carma, reencarnação, vontade de Deus: a riqueza ou o sucesso nos negócios parecem existir antes de mim ou, ao menos, antes de mim nesta encarnação. Pobres sempre os tereis (Jo 12,8), advertiu Jesus a um desonesto Judas, que fazia o famoso caixa dois.

Também é interessante notar que parte do pensamento crítico de esquerda anda próximo desta determinação. Você é pobre? Saiba que a culpa é do sistema, de algo maior, mais estrutural, da exploração capitalista, da ganância dos tubarões financeiros. Carma de vidas passadas ou estruturas injustas atuais têm, em última instância, um certo parentesco. Já o pensamento liberal do século XIX foi no caminho oposto: você é pobre? Trabalhe e deixe de ser, sua vida lhe pertence. Religiosos e socialistas parecem indicar um homem insuficiente (expressão meio Pascal), um homem que é fruto de forças maiores do que ele ou anteriores a ele. Liberais parecem acreditar inteiramente num homem muito poderoso, que decide e faz o que deseja. Cada lado cometeu crimes distintos em nome desta crença.

A crença de que a preguiça é uma opção pessoal e consciente, justificou, muitas vezes, o racismo e o pensamento da superioridade europeia sobre Ásia e África. Por que aquele indivíduo estaria naquela tribo pobre e seca há séculos? Por que Paris cintila maravilhosa nas exposições universais? Preguiça, física e mental, foi o que muitos no século XIX e até no XX repetiram.

Agora, meu querido leitor, se você é dono de uma malemolência que o inclina à cama com força irresistível, saiba que, dependendo da leitura, estas suas características podem ter sido determinadas antes por forças espirituais, por força da estrutura social injusta ou porque você é vagabundo mesmo. Escolha sua leitura.

A ascensão da preguiça como pecado é a ascensão do trabalho como valor. Uma leitura mais neutra dos polos em questão tentaria ver que alguns indivíduos têm imenso prazer em fazer muitas coisas, outros têm imenso prazer em nada fazer; ambos buscam sua felicidade e seu prazer.

Definitivamente, nosso mundo é o mundo da atividade. A crença dominante é a crença da vontade condutora. Crianças de classe média apresentam agenda sobrecarregada: saem da escola para o inglês, dali para a natação, depois violão e correndo, naturalmente, para o psicopedagogo para tentar ajeitar tudo isto. Crianças pobres, às vezes, invejam esta atividade intensa. O exercício simples e lúdico de estar sem nada para fazer, parece, hoje, causar horror a pais zelosos.

Há mais: nossas férias passaram a ter um planejamento intenso e muitas atividades. Seja uma excursão popular a um destino barato ou uma luxuosa travessia das ilhas gregas em iate, planejamos locais, reservamos coisas, seguimos roteiros. Estamos sempre imersos na lógica da produtividade.

O que desaparece hoje não é, exatamente, a preguiça, mas a contemplação. Deixamos de ver muitas coisas, ou de conversar, com a ascensão de aparelhos que nos conectam a pessoas distantes e nos afastam das próximas. Ver a paisagem deu lugar a postar as fotos da paisagem. Observar pessoas nas ruas, o famoso *flâneur* que o poeta Charles Baudelaire descreveu na Paris do século XIX, hoje dá lugar aos fones de ouvido ou a intermináveis trocas de onomatopeias. A preguiça não morreu, talvez até tenha aumentado, mas a contemplação está, ao menos, moribunda.

DINHEIRO E TRABALHO

Começamos este capítulo remetendo ao pensamento do cristão Chesterton. Quando deixamos de acreditar em Deus, pensa o religioso, passamos a desenvolver crenças paralelas ainda mais estranhas. A ideia, claro, é de um religioso e, no fundo, remete ao fundamento de que a crença em Deus é a única, verdadeira e sólida. Outras crenças seriam, no máximo, placebos.

Não compartilho da ideia de Chesterton. Porém, contemplo as crenças atuais. A crença no trabalho como redentor, na preguiça como pecado, no poder do indivíduo definir por completo sua vida, no controle cada vez maior do que se come e como se come, na busca desesperada pelo corpo perfeito, no anseio de ser popular em redes sociais e tantas outras: em tudo parece existir uma metafísica do indivíduo, uma teologia da solidão ou uma busca de além no além.

A alma perdeu-se um pouco como horizonte e o corpo tenta ocupar novos espaços vazios. O bem-estar físico passou a ser o templo do bem-estar, a vitrina do narciso e a casca de um mundo que não tem outra coisa além dela.

Antigamente, isto poderia ser lido como uma crítica moral: “trabalhem o interior e abandonem o corpo que passa.” Grande parte da moral é o sufocamento do corpo. Mas o corpo moral era um corpo vivo, um corpo pulsante, com vontade, desejo, quase uma entidade à parte. Os moralistas deram ao corpo uma força muito grande. Ler um moralista é quase tocar num texto pornográfico. O corpo dos que o condenam é um corpo impressionante.

A crise atual da alma não foi a libertação do corpo, mas sua estetização. A crença na alma tem uma vantagem poderosa: a imortalidade. Quem acredita possuir uma alma acredita ter ações desta companhia eterna e cósmica da obra divina. Os possuidores de alma apostam em algo impossível de demonstrar, difícil de validar ou sequer transmitir. Porém, quem se acredita com alma é um ser que corre em paralelo a um infinito.

O corpo tem esta grande desvantagem: não importa o quanto ele possa ser hidratado, trabalhado, esticado, alongado, "botocado", injetado, siliconizado, colorido ou bronzeado: ele caminha rumo ao fim, inexoravelmente. É uma luta perdida, ingrata, que colhe algumas pequenas bagas doces num espinheiro gigantesco. A derrota é inevitável, crescente e assustadora. Do outro lado da trincheira inglória sorriem a ruga, a banha, o declínio capilar, a perda de tônus, o cansaço, o grande sono, o colapso da libido e o aumento do grau dos óculos. Não começou ainda com você, caro leitor? Não se preocupe: tão certo como o anoitecer sucede cada tarde da espécie humana, o declínio virá.

Assim, os que acreditaram em alma perseguiram pessoas, fizeram tribunais de fé, torturaram, adestraram e puniram milhares de gerações pelo mau uso do corpo ou da mente. Religiosos apresentam uma folha de crimes impressionante. Mas... a alma, sempre a alma, é uma peça de *marketing* infinitamente superior ao corpo. Eu, crente, ofereço o Paraíso a esta parte imaterial sua, a vida eterna, ou ameaço com a dor das regiões infernais. A promessa da alma eterna nunca será denunciada numa lei de proteção ao consumidor: não há como devolver ou reclamar do produto. Não há verificação após o uso e o contrato é leonino: tudo é dito apenas por um lado.

Corpo, este corpo que brilha nas propagandas com gente cada vez mais jovem, este corpo onipresente nas imagens, sedutor e belo; este corpo sim tem como testar todo e qualquer esforço feito sobre ele. Use produtos caros, aplique sessões de *laser* no rosto, injete toda a tabela periódica sob a pele frágil: você terá um ou vários meses de revitalização. Depois, dia após dia, o tempo, devorador de pedras e de vidas, vai se impor novamente. Hora a hora o corpo é derrotado, de forma concreta e aparente.

Talvez o corpo esteja tão em voga porque está mais inseguro do que nunca. Então encontramos um colega ou uma amiga que não víamos há muitos anos. É um susto! O susto é o choque da memória daquela pessoa muito melhor e o que se apresenta agora aos meus olhos. O susto mais profundo é supor que, se ele/ela eram meus contemporâneos, eu também devo estar assim e talvez esteja causando o mesmo impacto. Constrangedor...

Mais constrangedor ainda é a legião de negadores do tempo. Pessoas que mentem idade, usam roupas adequadas aos netos e netas, afirmam aos quatro ventos como se sentem jovens e dispostos. A repetição sempre tem uma função de convencimento. Ouço até: "Nossa, você nem parece que tem tal idade!". Ou, o pior elogio: "Você está bem para a idade...". Enfim, caladas as vozes do mundo e meu esforço neurológico de convencimento via repetição, sou obrigado a olhar o espelho. O que ele nos devolve contraria nosso esforço.

Tenha medo, querido leitor/querida leitora, dos indivíduos que dizem estar melhor aos setenta anos do que quando tinham trinta e cinco. Há os que proclamam: não troco minha cabeça de hoje pela daquela época. Fuja destes seres: além de vaidosos, são mentirosos. São os que realmente não suportam o declínio físico e, assim, defendem-se com esta tática final. Fuja deles! São os mais perigosos de todos.

Assim, Chesterton talvez tenha razão em outro campo. A crença em Deus não é melhor ou menos ridícula ou mais bem fundamentada do que a crença na dieta do abacaxi. Não substituímos uma crença maravilhosa por outra duvidosa. Apenas devemos reconhecer que o produto prometido pela fé tem validade maior do que o da clínica dermatológica.

Capítulo 6

Setenta vezes sete

Crer em Deus nos dispensa de crer em qualquer outra coisa — o que supõe uma vantagem inestimável. Sempre invejei quem cria nele, ainda que crer-se Deus me pareça mais fácil que crer em Deus.

Cioran, *Aveux et Anathèmes*

MUITOS PECADOS, UM SÓ PERDÃO?

Todo o esforço moral descrito nos capítulos anteriores constitui-se uma forma de controle e de classificação. Medicina e Teologia apresentam em comum este objetivo: conseguir que o ser humano responda a determinadas classificações, sintomas, e que, a partir disso, possam ser sugeridos tratamentos para o corpo ou para a alma.

A variedade humana é imensa. Cada indivíduo é um universo. Criar quatro tipos a partir de fluidos do corpo (sanguíneo, fleumático, colérico e melancólico); criar doze signos do zodíaco (cada um com sua idiossincrasia); inventar tipologias sexuais (heterossexual, bissexual, homossexual, pansexual); desenvolver categorias, patamares, modelos e regras: eis o mais antigo, sólido e constante trabalho do conhecimento sobre os homens. Sem uniformizar, catalogar e inventar sintomas respectivos, não existiriam a Teologia, a Psicologia, a Pedagogia, a Medicina, a Astrologia, a Homeopatia, a Sociologia e quase todas as outras expressões do nosso esforço de universalizar o único ou tipificar o irrepetível.

Quando ministro uma aula, por vezes, penso que, mais do que o conhecimento, os alunos e eu nos esforçamos por uma rede que abarque o conhecimento e o domine. Shakespeare escreveu peças históricas, tragédias, comédias, sonetos e outros poemas. Bach é barroco, Mozart, clássico e Chopin, romântico. Diferencio Maneirismo de Rococó; ensino as primeiras fases, descrevo apogeus e decadências, crio tipologias de técnicas militares. Em todo canto sinto-me muitas vezes enredado na rede, como se a classificação fosse mais importante do que a coisa em si. Ah, então este texto é do período romântico de Machado de Assis? Por quê? Por tais e tais características. Evidentemente esta escada tem mais elementos da *Art Nouveau* que da *Art Déco*. Esta Virgem ainda tem traços bizantinos ou já apresenta o caminho do Renascimento? Conhecer é classificar. Ensinar é classificar. As categorias antecedem a tudo.

Os pecados capitais são sete, como vimos. Os mandamentos cristãos são dez. Os mandamentos da Igreja Católica são cinco. Os dons do Espírito Santo são sete. As festas de santos podem ser de santos confessores, doutores, mártires, virgens etc. As heresias são cristológicas, pneumáticas, soteriológicas etc. Esta passagem bíblica é javista, eloísta ou sacerdotal? Infinitas gavetas para um infinito armário do esforço de dominar.

Aqui começa uma curiosidade. Os pecados são muitos, o perdão é um só. Claro que a Igreja criou, lembrarão os mais católicos, indulgências plenárias e parciais. Mas elas perdoam por igual, variam apenas na quantidade perdoada: tudo ou parte. Existe até um tribunal em Roma chamado Penitenciária Apostólica, que cuida das indulgências. É o mais antigo dos tribunais da Cúria Romana. Ao longo dos séculos, a Penitenciária Apostólica deve regular, prescrever, examinar e tratar do perdão, suas formas e a quantidade, seus locais e regras. Porém, perdão é perdão. Como já foi dito, varia a quantidade, mas perdão é perdão. Começamos agora nosso mergulho nas águas purificadoras do perdão.

PERDÃO E CULPA NO ANTIGO TESTAMENTO

Os judeus têm um dia do perdão, o Yom Kippur (dia do perdão). É uma das festas mais importantes do calendário judaico. Para muitos, é o dia mais importante de todo o calendário. Dia de jejum e de orações, dia no qual na sinagoga reencontram-se pessoas que não se viam há um ano, desde o último Yom Kippur. Ele ocorre no décimo dia, no sétimo mês (*tishrei*) do calendário religioso. Corresponde, no hemisfério Norte, ao outono. No calendário gregoriano, cai em setembro ou outubro. Nesse dia há proibições específicas contra comer, usar calçados de couro, usar perfumes, ter relações sexuais, banhar-se por prazer. Nesse dia deve-se fazer a *teshuvá*, o retorno. Devo pedir perdão a meu irmão pelo mal que causei e a Deus pelos pecados contra o Todo-poderoso. Esse retorno à graça de Deus prepara os judeus para o Ano-novo, para ser inscrito no livro da vida novamente no período que se inicia. A análise de si serve para aumentar a consciência e o arrependimento. Não é à toa que a psicanálise nasceu entre intelectuais judeus.

O arrependimento é antigo e sólido na Bíblia judaica. Às vezes é rápido, como o de Davi diante da denúncia sobre seu crime contra Urias. Também é imediato em Nínive, a grande cidade, denunciada por seus pecados pelo profeta Jonas. A cidade era enorme e custava três dias a pé para atravessá-la. O anúncio do profeta é duro: "Dentro de quarenta dias Nínive será destruída" (Jonas 3:4). Milagre do arrependimento: do mais humilde ao rei, todos vestiram sacos e fizeram penitência. Os ninivitas converteram-se apenas com uma pregação de Jonas. Assim: "Deus viu o que eles fizeram e como voltaram atrás de seus caminhos perversos. Compadecido, desistiu do mal que tinha ameaçado. Nada fez" (Jonas 3:10).

Aqui um fato curioso: Jonas ficou irritado com a não destruição de Nínive. Seu orgulho foi maior do que a generosidade de Deus. Ele queria a destruição porque ele a tinha anunciado. O Senhor repreende Jonas, pois o profeta tem mais misericórdia por uma planta do que por toda a cidade de Nínive. O episódio traduz a lição: Deus perdoa, se houver sincero arrependimento.

José do Egito perdoa os irmãos que tentaram matá-lo e o venderam como escravo. Deus ordena a Oseias que tome uma mulher adúltera e seus filhos como esposa, perdoando os pecados dela e ainda diz que ama Israel do mesmo jeito, como se ama a uma adúltera (Oseias 3:1-5). De Adão, no Gênesis, até Malaquias (último livro do Antigo Testamento), há uma sucessão enorme de erros perdoados por Deus e também de pessoas se perdoando.

O tema do perdão e do arrependimento pelo erro é quase uma tônica narrativa nos salmos atribuídos ao rei Davi. É o grito da alma atormentada que se dirige ao Criador: "Vê minha miséria e minha pena e perdoa todos os meus pecados" (Salmos 25:18).

Tudo fica ainda mais forte no famoso salmo 51:

> Ó Deus, tem piedade de mim, conforme a tua misericórdia; no teu grande amor cancela meu pecado. Lava-me de toda minha culpa, e purifica-me do meu pecado. Reconheço a minha iniquidade e meu pecado está sempre diante de mim" (Sl 51, 1-5).

A condição da volta, da já chamada *teshuvá*, é a consciência do erro. Peço perdão porque sei que errei e reconheço que o pecado está diante de mim. No versículo seguinte, o salmista ainda insiste que foi gerado na culpa e concebido pela mãe no pecado (Salmo 51:7). Essa afirmação já foi utilizada para justificar a crença católica na culpa coletiva da humanidade em função do Pecado Original. Aqui, na tradição das orações judaicas, tem mais ligação com a ideia de que a natureza humana vive em diálogo com o pecado e que Deus nos ama apesar disso, como a mulher adúltera de Oseias.

A consciência do erro é a condição do perdão. Não há grito mais angustiado na Bíblia do que o salmo 130, conhecido pela expressão em latim *De profundis*. Lá, o pecador se sente desamparado nas profundezas e clama a Deus. Também lembra o autor que, se Deus se lembrar das culpas das pessoas, ninguém escapará (Salmo 130:3). Deus se torna a única esperança daquele que ora, o único confiável e junto a ele está a misericórdia e a redenção. É o salmo do desespero absoluto e da confiança absoluta. Começa clamando das profundezas e termina falando de Deus no alto. Nessa bela trajetória, está a base da esperança de quem crê.

Há uma questão curiosa que fala muito das nossas transformações. O salmo 130 foi, largamente, um dos mais populares na história da fé judaica e da cristã. O desespero do pecado e a confiança em Deus; culpa e perdão, desamparo e amparo. Centenas de gerações sentiram a emoção de suas palavras e recitaram o 130 para obter força.

É interessante que, se hoje eu fizesse um levantamento, certamente o salmo *blockbuster* seria o 23:

> O Senhor é meu pastor, nada me falta. Ele me faz descansar em verdes prados, a águas tranquilas me conduz. Restaura minhas forças,

> guia-me pelo caminho reto, por amor do seu nome. Se eu tiver de andar no vale escuro, não temerei mal nenhum, pois comigo estás. O teu bastão e o teu cajado me dão segurança. Diante de mim preparas uma mesa aos olhos dos meus inimigos; unges com óleo minha cabeça, meu cálice transborda. Felicidade e graça vão me acompanhar todos os dias da minha vida e vou morar na casa do Senhor por muitíssimos anos" (Sl 23, 1-6).

Não se trata de comparar a beleza do 130 com o 23. Ambos são, poética e religiosamente, belíssimos. Mas é evidente que o 130 trata de uma natureza humana confiante, mas esmagada pelo sentimento de dor e do pecado, confiante em Deus, mas com a perspectiva do fundo do abismo. O salmo 23 fala de um homem vitorioso, pois anda protegido no vale da sombra e ceia à vista dos inimigos, conduzido por Deus. É uma metáfora agropastoril, tão cara ao mundo dos salmos: Deus é um pastor que protege suas ovelhas. O tratamento e a concepção de Deus no salmo 23 é digamos, no mínimo, mais carinhoso. O Deus do salmo 130 é o que distribui misericórdia do alto dos céus. O Deus do salmo 23 me pega e me conduz. Um é Deus de misericórdia e de fé abstrata; outro é o Deus concreto que me faz vencer neste mundo.

Já brinquei em sala, ao analisar este texto, que essa metáfora agropastoril tem um problema: ficou distante dos jovens urbanos. O que significa, para um cidadão de quinze anos, na cidade de São Paulo, por exemplo, dizer que Deus é seu pastor e anda com um cajado na mão? Provavelmente nada. Seria mais rápido como mensagem o salmo dizer: "O Senhor é minha conexão de banda infinita, ele nunca cairá." Claro que é só uma piada ímpia. Uma das forças da religião é a linguagem arcaica. A atualização estratégica envelhece mais rápido do que o texto canônico.

Voltemos ao tema. O mundo religioso foi ficando cada vez mais um mundo do modelo do salmo 23. Deus, meu pastor, próximo a mim, protetor, amparo e refúgio seguro, foi se impondo a um Deus da dor do abismo. Deus, especialmente no Cristianismo do século XX, foi ficando cada vez mais amigo e próximo. Deus do juízo final ou da dor, Deus que condena e castiga, Deus que afoga e mata todos ou que queima cidades ou consome sacerdotes ineptos com seu fogo (os filhos de Aarão), foi se afastando. Surge um Deus pastor, amigo, que me protege de forma carinhosa e única.

Provavelmente, cada salmo foi traçando um aspecto dos muitos atributos divinos. O 96 se aproxima de um mantra ao repetir "Cantai ao senhor", tal como o 147 e o 150. O 137 descreve uma melancolia poética nacional extraordinária: "Nos rios da Babilônia..." Serviu de base para a linda música de Verdi, *Va pensiero*. O 139 é muito psicologizante; talvez, seja o mais denso de todos desse ponto de vista. Porém, o 23 é hoje o mais citado, o mais louvado, o mais repetido. O Deus apresentado no salmo 23 é a faceta de Deus mais cara às almas contemporâneas. Essa imagem seria reforçada por Jesus, herdeiro da mística judaica: "Eu sou o bom pastor. O bom pastor dá a vida por suas ovelhas" (João 10:11).

MINHA PARTE NO PERDÃO

Deus exige o arrependimento e protege o pecador sinceramente transformado e tocado pela consciência do erro. Esse é o ponto mais constante da narrativa bíblica. A punição quase sempre vem para o empedernido, o insistente no erro, aquele que se recusa a reconhecer seu deslize. A teologia cristã chamará a essa atitude, no futuro, de pecado contra o espírito, ou seja, a birra. É um pecado imperdoável, porque o livre arbítrio o tornou um obstáculo ao próprio Deus.

> "Por isso, eu vos digo: todo pecado e toda blasfêmia serão perdoados; mas a blasfêmia contra o Espírito Santo não será perdoada. Mesmo se alguém falar uma palavra contra o Espírito Santo, não será perdoado, nem nesse mundo, nem no mundo que há de vir".
>
> (Mateus 12:31-32)

A birra, o pecado contra a graça inspiradora do Espírito Santo, fica assim tornado pecado hediondo e imprescritível; sem perdão. Esse pecado irremissível é a rejeição da graça de Deus, apresentada aos homens constantemente, insinuada a seus ouvidos, mostrada a seus olhos. Essa teimosia é um pecado insuperável.

Todos erram. Todos caem. Até Jó, modelo de paciência já citado, tem um momento de desespero contra Deus. O santo e paciente Jó enfrentou bem a morte de todos os filhos. Não se rebelou quando todos os seus bens foram roubados. Nada disse quando seu corpo começou a apodrecer em vida. Resistiu a discursos irritantes de, digamos, amigos. Por fim veio sua esposa também reclamar. Talvez a gota d'água tenha sido um último amigo, defensor absoluto dos planos de Deus, Eliú. Jó enfrentou morte de filhos, perda de bens, insolência de três amigos, peste corporal e até a esposa irritada, mas um moralista no meio de tudo isso, alguém que ainda vem falar e insistir na beleza dos planos de Deus naquela situação. Neste momento Jó perde sua proverbial paciência. Deus conversa pessoalmente com Jó e o repreende. Depois de uma dura interpelação do Altíssimo sobre o infeliz Jó, ele baixa sua já cansada cabeça e reconhece: "acuso-me a mim mesmo e me arrependo, no pó e na cinza" (Jó 42:6).

Um não religioso pensará que essa humilhação do arrependimento é um exercício de poder de Deus. Para a teologia do livro de Jó, o teste (morte, perda de bens, doenças) traduz uma reorganização de nossas prioridades, uma preparação para o que realmente importa e uma disciplina para nosso orgulho. Mais do que uma punição, o sofrimento seria uma educação. Após todo o sofrimento, Jó diz algo muito interessante: "Eu te conhecia só por ouvir dizer, mas, agora, vejo-te com meus olhos" (Jó 42:5). Aprofundando essa Teologia, o menos importante na vida de Jó é a posse de bens materiais ou de saúde. O menos importante é perder tais coisas ou ganhá-las de novo ao final. O mais importante é descobrir, nesse exercício de humildade, que eu nada controlo de fato do destino ou do universo, que a sabedoria está em reconhecer Deus em tudo. O arrependimento e o perdão não seriam humilhações diante de uma autoridade ou alguém mais forte, mas o reencontro da ordem das coisas entre Criador e criaturas.

Toda paixão ou submissão, nessa perspectiva, é escravidão. Submeter-me cegamente a um Estado, a um partido, a bens materiais, a paixões físicas, a vícios: tudo isso diminui minha liberdade. Essas entregas me reduzem a relações horizontais entre criatura e criatura. Quando me entrego a algo assim, deixo de ser livre, encolho moralmente, pioro pessoalmente e me afasto da sabedoria. Tudo no mundo escraviza.

A única coisa que liberta é a submissão a Deus. Por quê? Porque Deus me fez, na fé religiosa judaico-cristã-islâmica a sua imagem e semelhança. Sou da mesma substância de Deus. Entregar-me a Ele não é negar minha liberdade, mas encontrá-la de verdade e para sempre. A entrega a Deus liberta. A submissão ao Criador traz mais liberdade.

Assim, o pedido de perdão, em vez de humilhar, de fato, me conduz de volta ao caminho correto e natural. Somente sou de fato livre e digno quando aceito a total e absoluta transcendência de Deus sobre meu mundo. Essa é a liberdade de Jó e a grande lição do seu livro. Diluir-me na imensidão de Deus é, enfim, encontrar-me. Recuperar meus bens e minha saúde, meus filhos e uma vida longa (ele viveu 144 anos depois desses episódios) são bônus secundários para almas um pouco menos grandiosas. A Bíblia foi escrita também para essas almas.

Os não religiosos estranham essa entrega absoluta. Também é possível dizer que talvez todo homem sem fé, ao condenar essa entrega, afirma sua liberdade entremeada de certa inveja daquele que encontra sentido total na transcendência de Deus. Só Deus basta, diz Teresa de Ávila, só Deus completa, preenche totalmente, não deixa espaço para nova insatisfação. Só na relação com Deus essa entrega, em vez de esvaziar, preenche por completo. Essa é a chave da mística e que torna o homem de fé no interior de uma caverna no deserto mais feliz do que o rei opulento cercado pela corte. O rei nunca terá certeza se seus vassalos se curvam por medo, tradição ou até ironia. O rei morrerá acossado pelas teorias conspiratórias e pelo sentimento do cinismo humano e das aparências. Seu narciso pede, mas seu intelecto desconfia da atenção que lhe chega. O homem de fé tem certeza, não desconfia, entrega-se, aceita. Se teve dúvidas ou se elas persistem na noite da sua alma, entrega-se mais e recebe essa resposta. Só Deus basta. A criação dessa ideia é a mais brilhante de todas as propostas religiosas. Jó descobriu isso para além do seu bem-estar.

O PERDÃO CRISTÃO

As palavras perdão e amor existem largamente na tradição judaica. Mas seria mais correto identificar que o assunto central de Deus, na Torá, é sua justiça. A regra é clara: você pode errar e se arrepender, mas a punição poderá vir mesmo assim. Deus é justo, ou usando uma expressão quase universal no Antigo Testamento, os caminhos do Senhor são retos. De algumas formas, os caminhos do Senhor no Novo Testamento passam de retos a sinuosos. Sinuosos para reforçar um dado que existe na tradição judaica e que, na leitura dos seguidores de Jesus, vai se transformar no perdão total.

Caracterizar o Antigo Testamento como um Deus exclusivamente de autoridade, duro, inflexível e cheio de vinganças é uma construção essencialmente cristã. Os textos e as falas de Jesus sempre reforçam a continuidade da Lei, mesmo quando adapta ou revoga algo como o divórcio mosaico. Jesus cita a tradição da Torá para enfrentar o demônio ou para sintetizar os mandamentos. A ruptura para um Deus de amor não seria apoiada por Jesus. Mas há mudanças.

O texto teórico de referência da proposta do rabino Jesus é o chamado Sermão da Montanha, o qual já foi citado anteriormente. Amar aos inimigos, perdoar sempre, bendizer quem nos persegue, fazer o bem a quem nos faz o mal. Amar quem nos ama é comum aos pagãos. O político corrupto, o assassino, o cínico, o vaidoso; todos amam seus filhos. Qual seria a diferença para a proposta de Jesus? O amor é um dom que deve ser dado sem distinção de pessoas. Não se ama alguém por ser bom, mas por ser. O amor é uma proposta universal e o perdão vem acoplado a essa ideia. Esse pensamento pertence a uma linha que liga Jesus ao rabino Hilel, o cabalista que viveu um pouco antes de Jesus. Amor, perdão, compreensão são pilares da fé judaica, ou pelo menos, de algumas vertentes da fé judaica.

Jesus aprofunda a proposta judaica e a direciona no caminho da hermenêutica da Lei. O que seria hermenêutica? De forma rápida, o conceito diz respeito à interpretação, da busca de sentido dentro do texto. O Judaísmo é uma religião da hermenêutica. Por quê? Porque um judeu religioso considera que a Torá foi um presente de Deus aos homens, mas que cada homem, individualmente, a lê, interpreta e vive de maneira distinta. Deus é único, mas as maneiras de eu me aproximar dele são muitas. As autoridades rabínicas ajudam, os tribunais religiosos podem determinar, mas o Judaísmo é uma religião de liberdade da minha consciência diante de Deus. Tal como o Catolicismo ou o Islamismo, o Judaísmo pode ser seguido como um minucioso código de regras. Elas existem de forma abundante em todas as religiões, ainda que as regras dos outros sempre nos pareçam estranhas e as nossas, corretas e coerentes. O Judaísmo apresenta milhares de regras, algumas tão pormenorizadas que parecem um contrato jurídico tratado entre partes desconfiadas uma da outra. Mas não são as regras que definem um judeu, pois ele será judeu pela sua relação com Deus, e não pelo ângulo da mezuzá cravada na sua porta.

Não existe no Judaísmo uma autoridade central como o papa. Não há um dogma claro. Porém, essa abertura interpretativa comporta também o fundamentalismo. A comunidade judaica excomungou o filósofo Espinoza. Parece um pouco complicado dizer, mas excomungar um judeu com pensamento que aquela comunidade acha errado ou aceitar rabinas em comunidades judaicas liberais dos Estados Unidos, são procedimentos da liberdade judaica. A abertura é dada, inclusive, para o fechamento. Não se trata apenas de comparar o século XVII com o XXI (no caso Espinoza e rabinas), mas de entender a falta de unidade teológica absoluta dentro do Judaísmo. Contrariando o que sempre se diz por aí, o Judaísmo é uma religião da liberdade da fé.

Jesus é a vitória de uma hermenêutica, de uma interpretação. Jesus é e sempre foi um absoluto, religioso e denso judeu, um judeu religioso que seguiu um caminho menos literal da Lei. Como antes dele e como centenas depois, apresentou-se como o Messias. O Judaísmo é a religião da espera pelo Messias a partir de determinado momento. Isso não era um anseio de Moisés ou de Abraão, de Salomão ou de Davi, mas cresceu muito dentro da tradição judaica a partir do Helenismo e da dominação romana. O papel de Messias reforça o poder da hermenêutica de Jesus e também de um novo ambiente: o Judaísmo helenizado. Os Evangelhos estão em grego e isso é uma mudança. A Torá tinha sido traduzida para o grego, mas os Evangelhos foram concebidos em grego, não traduzidos.

Voltando ao eixo, o perdão proposto por Jesus está bem inserido na tradição judaica. Sua essência já foi narrada na parábola do filho pródigo, quando citamos a inveja do irmão mais velho. O pai perdoa o filho que tudo gastou porque ele tudo gastou. O perdão não é para os virtuosos, mas para os pecadores. Isso é reafirmado de diversas formas por Jesus. Perdão é para o faltoso, o pecador, o desviado, o que não agiu certo e, a rigor, talvez nem mereça. A condição é a volta, a *teshuvá* hebraica, o arrependimento, a disposição de emenda.

O Pai-Nosso, a única oração ensinada por Jesus nos Evangelhos, é absolutamente baseado na tradição judaica: "perdoai as nossas ofensas, assim como nós perdoamos a quem nos tem ofendido." No Yom Kippur, pedimos perdão ao irmão e a Deus. Perdoamos também quem nos pede perdão na esperança de um perdão divino. O Pai-Nosso poderia ser rezado no Yom Kippur, sem embaraços teológicos.

"Perdoai as nossas ofensas, assim como nós perdoamos a quem nos tem ofendido." O primeiro objeto é Deus, chamado de Pai. Peço que ele me perdoe. E, como condição e complemento desse perdão, eu também perdoo. É um exercício de ida e volta, circular ou complementar. Que perdão esperar de Deus se eu não o exerço? O aprendizado vem do alto, da fonte da verdade e se completa no exercício terreno.

O perdão é um gesto que reconhece a fraqueza, a falibilidade e o embaraço humano estrutural diante do Bem. A dureza moral nasce do orgulho — de novo, sempre o orgulho. Quando não perdoo estou dizendo que, em primeiro lugar, minha ofensa é mais importante do que tudo. Ao me ofender, ao me agredir, ao me trair, você atingiu meu eu. Ao seu pecado eu respondo com o meu. Há uma imensa vaidade moral nisto: eu não sou adúltero, eu sempre fui fiel, eu nunca traí, logo, não sou capaz de perdoar sua traição. Em síntese: ao não perdoar sua falta, exerço a minha. Há uma quase exaltação da minha virtude ao condenar sua falta. Se você é um pecador terrível, por antítese, eu sou um virtuoso confesso, ou assim me vejo, e sou orgulhoso. Não se engane leitor: a pessoa pontual ama que o mundo se atrase, pois só assim ela brilha como uma luz no lodo cronológico dos outros. Os pontuais reclamam, esperneiam, insultam, ironizam e, sempre, destacam como eles se esforçaram para chegar na hora. A crítica ao atraso nasce do orgulho da pontualidade. O pontual coloca na cara do atrasado a virtude que imagina superior. Perdoar seria equivaler, igualar. Mas o pontual sempre perdoa, porque o que ele busca é, de fato, a exaltação da sua virtude.

Como afirmei antes e agora, há uma exuberância quase malévola na virtude. O virtuoso grita, aos quatro cantos do mundo, como ele gostaria que todos seguissem seu exemplo. Provavelmente ficaria apavorado se isso ocorresse. "Eu não jogo um grão de arroz fora", grita o previdente e econômico. "Eu nunca levei multa", afirma outro. "Eu entrego meu imposto de renda no primeiro dia, não como essas pessoas que deixam para a última hora." "Eu arrumo minha mala com um mês de antecedência e chego ao aeroporto com quatro horas de folga." "Eu reviso o carro antes do prazo." "Eu falo baixo." "Eu falo corretamente." "Eu escrevo bem." "Eu cozinho como poucos." "Eu estudo diariamente." "Eu nunca faltei ao trabalho." "Eu dou total atenção aos meus filhos sempre." *Afe*! Já dá um cansaço estrutural. A virtude, além de uma base orgulhosa, é profundamente catequética. O pecador ao menos não grita sua podridão como o virtuoso estende no varal público da casa o lençol branco do seu currículo imaculado. E percebam que eu nem toco na possibilidade de essa virtude ser apenas retórica ou franca mentira. Se sua virtude alardeada for verdadeira, você é um vaidoso, um soberbo da moral. Se ela for apenas cena e mentira, além de vaidoso, você é um mentiroso, um estelionatário da alma.

Como disse antes: a formiga só é feliz e recompensada quando vê a cigarra congelar, faminta, no lado de fora. Só isso justifica todo o esforço dela. De que adiantaria trabalhar tanto se todo o mundo fosse um formigueiro? Magros, poupadores com reservas, pontuais, elegantes, leitores vorazes, pais atentos, profissionais competentes: todos só têm plena realização ao encontrarem seu oposto, o faltoso, o pecador. Se você, meu querido leitor, minha querida leitora, pensou agora, *mas eu não sou assim*, bem, sob a soleira sólida do seu castelo interior, a bruma da vaidade já começou a entrar.

Não perdoar reforça minha virtude. Quero tornar ainda mais brilhante e notável o fato de que eu não deslizei, não errei. A melhor maneira é dizer: "O que você fez não tem perdão." Quando o que você faz é imperdoável, implica dizer que o que eu faço é muito louvável. Ressalto seu crime e seu erro e rebaixo sua reputação. Assim, minha virtude é transformada em nova montanha. Você chafurda no barro e nos pântanos morais e eu na glória da montanha.

Acompanhe a conversa das pessoas. Na grande maioria das vezes, o tema gira em torno das virtudes dos interlocutores. A retórica da virtude, quando encontra o vício como contraexemplo, entra em êxtase. De que valeria ser malhado e definido com 0,5% de gordura se o mundo inteiro estivesse assim? Que prazer sair da academia, onde suamos e comemos meia barrinha de ameixa *light* com granola orgânica colhida ao luar e nos deparamos com um ser imenso, adiposo, atracado no seu *cheeseburger* com um *milkshake*. O prazer do gordo comendo é quase emocionante. Ele deve ser punido. Para que ele não tenha perdão, sua gordura é sua sentença. Não posso perdoar quem não se cuida, porque quem não se cuida vive como cigarra. Como eu, formiga sem glúten e malhadora, posso sorrir para quem faz um prato de salada com batata e maionese e uma picanha e depois arremata com um quindim? Se eu ficasse magro depois desse prazer, meu mundo desabaria. Minha dor deve ser recompensada, a alegria dele deve ser punida. Só assim eu fico feliz.

Perdoar é igualar-se e considerar que, se um errou, pertence a minha espécie. O fato de eu não cometer aquele erro em particular, apenas torna o erro alheio distinto dos meus, não me torna melhor.

UM ADULTÉRIO E UM PERDÃO

O perdão cristão encontra momentos particularmente tocantes no Novo Testamento. Meu preferido é a história da adúltera (João 8). Uma mulher foi surpreendida em adultério. Foi flagrante, não há escusas. Havia testemunhas. Se o jogo de palavras não fosse excessivo, até poderíamos dizer que foi com a "boca na botija". Alvoroço total na comunidade. Que delícia encontrar um bode expiatório. Uma mulher que se entregou por desejo e amor a um homem que não era seu marido. Um ser humano que buscou felicidade fora da regra. Todos aqueles que desejaram isso ano após ano e não tiveram nem oportunidade e nem coragem, agora apontavam o dedo furiosos, e felizes. Ela ousou, ela fez, ela deve pagar. A lei é clara: apedrejamento.

Matar com pedras é uma morte simbólica. Permite a todos atirarem parte da sua raiva na pessoa que se desviou. Um enforcamento só dá esse prazer ao carrasco. Guilhotinar é mecânico. Fuzilar é quase asséptico. Apedrejar é que é gostoso. Posso, pedra após pedra, ir vencendo o mal que eu vejo em mim, mas que o outro exerceu. Apedrejar é exorcizar. Com força, atiro minha pedra e acerto, de preferência na parte que mais odeio do pecador. Apedrejar é uma sociedade anônima de ódios com dividendos para todos os investidores. A adúltera deve ser apedrejada.

"Mas por que apenas matar esta pecadora? Poderíamos também levar o caso a Jesus", dizem fariseus e doutores da Lei. Ele seria confrontado com um caso claro e sem possibilidade de interpretação. Jesus deveria participar da sociedade anônima. Isso significa que a fama de um Jesus que perdoava e pregava o perdão já incomodava muita gente. A hermenêutica de Jesus a favor de um esgarçamento da Lei era, certamente, notória. O episódio teria ocorrido depois do Sermão da Montanha, quando o programa moral de Jesus já estava enunciado.

O episódio demonstra duas raivas dos moralistas. Uma é contra a infração do código. Essa raiva se volta contra a mulher. O outro polo de ódio é contra quem quer diminuir as penas, interpretar as regras e perdoar. Esse sentimento se descarrega contra Jesus. Dois coelhos, uma só cajadada. Que dia glorioso para a virtude farisaica. Se vivos, os fariseus teriam pedido a redução da imputabilidade penal para sete anos, transmutando em preocupações sociais seu ódio.

A cena é bastante teatral. Os fariseus arrastam a mulher até Jesus. O Nazareno, quase como em um roteiro, ignora os acusadores. Jesus, o Supremo Bem, não ouve o que falam de mal sobre o mau ou a má. Ele é surdo à acusação e fica escrevendo no chão. O que escreve? Nada sabemos. Sempre que leio sobre essa cena penso nos alunos entediados com a aula rabiscando uma folha em branco (há alguns anos, hoje seria digitando em aparelhos). Estaria Jesus demonstrando tédio com a acusação? Falaria dentro do mestre uma voz com a frase: "Oh não, estes fariseus de novo, não aprendem nunca..."? Não podemos afirmar isso. Nunca se disse nada sobre o tédio de Jesus. Seria heresia supô-lo?

Jesus escreve, indiferente ao grupo ruidoso. Seu protagonismo é dado pelo silêncio. O Evangelho diz que Jesus se endireitou, pressupondo que antes estava curvado, ou acocorado escrevendo, em todo caso, em uma posição abaixada. De repente, uma frase: "Quem dentre vós não tiver pecado, atire a primeira pedra" (João 8:7). Frase bombástica! Apedrejar seria confessar o orgulho de se presumir acima do pecado e da humanidade. Isso nem os fariseus poderiam dizer, ainda que pudessem pensar. Foram se afastando. O Evangelho dá mais uma pista — a retirada seguiu ordem cronológica: foram saindo a partir do mais velho. Quanto mais idade, mais memórias de pecados e mais remorsos, mais consciência pesada. Um a um, todos se retiraram. Restavam Jesus e a mulher. Sempre imagino essa cena em um palco. Talvez tenha sido escrita com esse propósito.

Vejam uma diferença: no primeiro século da nossa era, mesmo entre fariseus, era imperativo reconhecer-se pecador. No nosso século, tempo de autoajuda, de estímulo ao positivo e ao orgulho de si, em época de reforço dos narcisos pelo ensino totalmente lúdico e pais culpados, se Jesus fizesse a mesma pergunta, talvez tivesse chovido uma saraivada de pedras sobre a pobre mulher. Hoje, há poucos pecadores e culpados. Hoje, a culpa é sinal de angústia mal resolvida, sentimento de pecado pode ser tratado com psicanálise e lítio. O pessimismo sobre a natureza humana desaparece em redes sociais. Felizmente para a adúltera, aquele momento era outro.

Jesus sozinho com uma mulher aos pés; o mestre faz uma pergunta retórica, como se fosse indiferente de fato a tudo: "Onde estão os que te acusavam? Ninguém te condenou?" Ela reforça que não. Então Jesus diz que também não a condenará. Mas o retorno da adúltera a teshuvá tem uma condição: não pecar de novo. Quando Jesus diz "não tornes a pecar", está dizendo que sabe que ela pecou, que o depoimento dos fariseus era verdadeiro, que não era uma calúnia. Jesus tem plena consciência: era uma adúltera e foi pega no ato. "Não tornes a pecar" mostra que o perdão é efetivo e incide sobre um erro real e cometido. Mais: adúltera, ao longo do capítulo 8 de João, em nenhum momento ela nega isso ou diz que é inocente (ah, como estamos longe desse dia em que a desculpa pronta não brotava magicamente dos lábios de todos). A adúltera sabe que adulterou. Jesus sabe que a adúltera adulterou. Todos sabem do adultério. Ninguém o nega. Perdoar não é esquecer nem dar livre passe para mais erros. É só o reconhecimento de que houve um erro e que há a disposição para que não ocorra de novo. Perdoar é só reconhecer a humanidade do pecador, nunca é uma defesa do pecado.

No capítulo 8 de João, Jesus dá mais uma pista importante. Ele afirma ser a luz do mundo (versículo 12) e, mais importante, acusa os fariseus de julgarem segundo a carne e que ele "a ninguém julga" (Jo 8, 15). Talvez seja o mais importante trecho sobre perdão da Bíblia. Jesus, o filho de Deus, a segunda pessoa da Trindade, o Messias, o homem-Deus encarnado, diz que não julga ninguém. Ele, a luz do mundo, é o único que poderia definir a treva, já que todos os seres não são luz; somos apenas iluminados ou não. Jesus, a luz do mundo, não julga. Fascinante esta passagem: uma derrubada de quase tudo que a tradição acredita sobre punição, moral, castigos eternos, fogo e danação. Deus é amor, a frase síntese de João: “Quem não ama não chegou a conhecer Deus, pois Deus é amor” (I Jo 4, 8).

Vamos, então, piorar o desafio de Jesus aos fariseus: aquele que nunca julgou alguém atire a primeira pedra. Agora sim, não sobraria ninguém.

Temos um dado final nessa história edificante. O capítulo termina no versículo 59 com um fato pouco explorado pela tradição. Depois de todo o debate sobre culpa e perdão, depois de ter se anunciado a luz do mundo, depois de dizer que não julga ninguém e ter humilhado os ávidos apedrejadores, enfim... Tentam apedrejar Jesus. Jesus escondeu-se, fugiu e evitou que a religião da cruz se tornasse a religião da sagrada pedra. Não sabemos se ele se ocultou de forma não natural ou se saiu correndo. Sabemos que saiu e evitou sua lapidação.

O último bastião do ódio é contra quem perdoa. Não castigar transfere a raiva para o que perdoa. Aparentemente, o castigo expia, escoa, concentra e ajuda a diminuir a raiva coletiva, ou, pelo menos, o castigo desvia a raiva do pecado para o pecador e sua punição restabelece a ordem universal. Quando eu não puno, talvez, o mal se torne difuso e incomode muito. Como é próprio da nossa espécie, odiar reúne muito mais desejo do que amar ou perdoar. Talvez por isso mesmo, sendo amor, Jesus define que não julga. Amor não julga. Como somos humanos e o amor não chega a ser todo o nosso ser, julgamos muito, com prazer, todo dia, estabelecendo no julgamento nossa superioridade, pois só julgo meu inferior moral, ou pelo menos julgo para que alguém se torne meu inferior moral.

O julgamento e a punição acalmam. Deve ser o silêncio, estranho e profundo que se segue às muitas descrições que temos das execuções públicas. A multidão grita, apupa, joga coisas. A cabeça cai na guilhotina e o delírio é absoluto. Depois, em silêncio, retiram-se para casa. Passou o crime, foi punido o criminoso. Expiou-se o pecado. Restabeleceu-se a ordem. O que fazer? Ou tentar apedrejar quem perdoou ou achar outro pecador. Para sorte de todos os fariseus, na tenda ao lado haverá outra adúltera, outro sodomita, um prevaricador e um novo ladrão. Que sorte! Sem eles seríamos obrigados a pensar em nós mesmos. A pedrada na adúltera era para nocautear nossa consciência. Graças a Jesus, dessa vez, a pedra retornou e atingiu todos. Sejamos francos: o trabalho de um fariseu nunca termina. Francamente, esse Jesus é um estraga-prazeres!

Capítulo 7

Perdão grande e perdão pequeno, da Cruz às cruzes

O ERRO E O UNIVERSO

Qual é a importância prática do pecado da adúltera do capítulo anterior? Absolutamente nenhuma. O episódio se destaca pela posição sobre o perdão, mas nunca pelo adultério em si. Diante do cosmos, dos milhões de galáxias e bilhões de estrelas, diante da imensidão do tempo, o que representa uma convenção social chamada monogamia ou o desejo de um homem e uma mulher? Nada, absolutamente nada. Para quem engana ou é enganado, claro, adultério é, em algum momento, todo o universo. A traição move paixões indescritíveis e arrasta vidas em um torvelinho descontrolado. Mas, saia um pouco da cena individual e observe um adultério: que elemento da natureza fica alterado? Nada, absolutamente nada. Nossos pecados são irrelevantes quando colocados na perspectiva da eternidade.

Posso pensar o mesmo de quase qualquer pecado ou erro. Mas poderia pensar o mesmo de qualquer prazer. Colocados todos os elementos em uma balança, sejamos objetivos. O prazer de uma escapadela no casamento (se eu pretendo mantê-lo), seus riscos à paz da casa, eventuais riscos à minha vida e riscos ao meu patrimônio e constrangimentos com filhos e com a família da pessoa que foi traída; considerando tudo: vale mesmo a pena? Aqueles instantes fugazes, mesmo que intensos, diluídos ou amortizados pelos riscos, compensam? Claro que estou querendo que as pessoas sejam racionais e o impulso sexual ou prazer de pecar não são, em última análise, uma decisão cartesiana. Mas reforço a reflexão apenas para nos retirar do foco obsessivo que temos sobre nós e nossos atos.

Voltemos para nossa adúltera. Poucos anos depois do episódio, Jerusalém foi destruída pelos romanos; o segundo templo, queimado; judeus, assassinados aos milhares; mulheres, estupradas. A resistência heroica da fortaleza de Massada foi vencida pela engenhosidade militar romana. Seria correto pensar que aqueles fariseus, que antes se ocupavam do sexo alheio, agora corriam desesperados para salvar algo mais precioso do que sua moral? Mulheres que apoiavam a campanha de maridos religiosos contra as adúlteras, esposas zelosas que tinha ficado felizes com a possibilidade de a pecadora ser apedrejada, agora viam as filhas serem estupradas por romanos violentos. Quem se lembraria de uma adúltera jogada aos pés de Jesus anos antes? Acho que ninguém.

Quase todos os nossos deslizes são de uma insignificância atroz. Importantes para nós e para quem é atingido por eles. Mas, na prática, fidelidade ou adultério arranham pouco a parede milenar da História. Na cidade pecadora da Babilônia, mulheres se entregavam, por dever religioso, à prostituição sagrada. Na pudica Jerusalém, mulheres que pulavam a cerca eram apedrejadas. As duas foram destruídas pelos inimigos. Moral parece ser fundamental para os religiosos, mas é pouco expressiva como fator histórico.

JESUS E OS CHATOS

Jesus perdoou a adúltera. Não foi uma dificuldade enorme. Não era Jesus o traído, nem era o traidor. Sua isenção divina era reforçada pela humana: ele não era parte envolvida. Jesus discutia um princípio, não uma paixão.

Mas o perdão brilha mais quando nos atinge de verdade e quando a questão é mais relevante. Por isso, se o perdão da adúltera é uma excelente história sobre a teologia de perdoar, o perdão da cruz é o ponto alto da sua prática.

Preso na madrugada entre quinta e sexta-feira, chicoteado, coroado de espinhos, humilhado, esbofeteado, examinado por gente muito chata como Herodes, Anás, Caifás e Pilatos (será mais doloroso apanhar ou ouvir perguntas imbecis como as de Pilatos?), Jesus estava sendo muito castigado. Sob o sol claro de uma primavera em Jerusalém, carregou sua cruz e nela foi pregado. Foi torturado na frente da mãe e, certamente, isso deveria doer muito também, pois via a dor nos olhos de Maria. Atingido em toda a extensão de uma punição, física e moral; esticado há horas na cruz, tendo sede extrema e tendo pregos na região altamente sensível dos nervos do pulso, Jesus chegou ao mais fundo do sofrimento. Lembremo-nos que, ao entrar neste ciclo, ele já havia suado sangue e não dormido no Horto das Oliveiras naquela noite. Ao seu redor, a dor aumentada pelo sofrimento dos poucos amigos ali presentes e talvez aumentada pela ausência da maioria dos discípulos. Era o máximo do máximo do que qualquer ser poderia suportar.

Aquele homem na cruz perdoou aos que lhe impunham essa dor. "Pai, perdoa-lhes, eles não sabem o que fazem" (Lucas 23:34). Jesus tornava seu martírio um crime culposo, ou talvez nem tornasse um crime. O perdão brotava da cruz com mais ênfase do que aquele dado à pecadora, com mais emoção, com sangue na boca, mas era o perdão. Essa foi a suprema coerência da narrativa sobre Jesus. Perdoou quando era fácil e quando ficou difícil.

Outro detalhe. Para mim ao menos, sempre foi fácil ser compreensivo bem sentado, aquecido, tranquilo e banhado. Tomando um bom chá ou uma boa taça de vinho, cercado de afeto e com boa saúde, o perdão brota dos meus lábios com facilidade. Sou tranquilo, quando tranquilo. Porém, no calor da hora e da irritação, outro eu aparece, ou seria, de fato, meu verdadeiro eu? Por que digo isso? Porque o momento em que Jesus perdoou era de extrema tensão física e psicológica. Jesus morreu gritando. Sim, Jesus deu um grito extremo, de agonia, de desespero. Não foi uma morte tranquila. Quando entrega seu espírito, Jesus grita. É uma morte dolorosa e sentida, intensa e no extremo do possível. Nesse momento, Jesus perdoou. Esse perdão brilha ainda mais.

DORES ANTES DA GRANDE DOR

Viver é acumular contratempos. Jesus nasceu em um local improvisado porque não havia lugar nos locais adequados. Recém-nascido, foi obrigado a fugir, inseguro e frágil, para o Egito, longe da fúria de Herodes. Como seria a vida de um carpinteiro estrangeiro no país que havia escravizado aquele grupo séculos antes? Como viveria José, que era um hebreu, no país do qual seus ancestrais tinham fugido? Certamente não foi fácil. Pobres, estrangeiros, perseguidos e sem dominar a língua local. O título de Nossa Senhora do Desterro é uma forma bonita de descrever a situação angustiante de todo imigrante.

Ao voltarem, a vida em Nazaré era pobre também. Nazarenos (mesmo que Jesus, a rigor, não fosse) não eram bem vistos pelos outros judeus. A região da Galileia era discriminada. Depois, a morte do pai deve ter abalado a pequena família. Começa a vida pública, sustenta a mãe, escolhe discípulos, discute todo dia com os fariseus chatos. Jesus é perseguido por multidões para que os tocasse. Leprosos, cegos, surdos, mulheres com sangramentos, pobres, possessos, loucos: todos querendo vê-lo, assediá-lo, ouvi-lo, ter benefícios com seus poderes. E, de novo, fariseus perguntando a cada cinco minutos coisas difíceis. Andar por três anos a pé por uma terra seca, dormindo em qualquer lugar... Não é de estranhar como Jesus não recusava uma festa, como na casa de Zaqueu: era uma chance de recomposição de forças. E os fariseus de novo, e discípulos não entendendo nada, e mulheres descontroladas lavando seus pés com os cabelos, e loucos, e leprosos e mais fariseus. As celebridades falam desse jogo ambíguo: é bom ser famoso, mas cansa o assédio. Cansa não ter intimidade. É bom dar autógrafos, mas seria bom ir a um restaurante e apenas comer. A fama cansa. A fama com poeira e sem domicílio fixo deve cansar mais do que a fama em hotéis cinco estrelas.

Poucas vezes, em meio a milagres tão extraordinários, as pessoas descreveram esse cotidiano desgastante, longo e trabalhoso de Jesus. Vou dar um exemplo. Jesus falou quase o dia todo e a multidão ouviu. Fez um enorme esforço didático ao ar livre. Fez a pregação clara, mas falou sem microfone para muita gente. Ao final, em vez de uma salva de palmas, em vez de irem embora emocionadas e agradecidas, as pessoas começam a reclamar de fome, e os discípulos também se preocupam. Jesus faz o milagre da multiplicação do pão. Transforma poucos peixes em pães e alimentos para milhares mais de uma vez. Metáfora da futura eucaristia, espalha sua dádiva sobre muitos.

Talvez por eu ser professor, essa cena me toca muito: ele acabou de dar a aula e ainda querem que providencie a merenda? É muita pressão. É muito chato. Não teríamos outra expressão: as pessoas são chatas porque demandam sem parar e quanto mais recebem mais querem. Quem se aproxima de alguém famoso raramente leva em conta outra coisa que sua ansiedade, sua vontade de um autógrafo, sua foto tirada sem muita necessidade de permissão. É uma contradição interessante: busco o contato com o famoso porque ele é famoso. Mas mesmo sendo *meu* o interesse na pessoa famosa, não a levo em conta em nenhum minuto, apenas quero para mim: minha foto, meu autógrafo, o testemunho do que vivi. A fama traz seu peso.

Há um jogo ambíguo, já disse. É bom ter o ego acariciado pela presença da multidão. Sou o centro das atenções: o que eu digo é importante. Porém, ao final, o ciclo não se encerra. Querem mais, demandam mais. O cantor deve ficar muito emocionado com as palmas pelo show. Deve gostar medianamente do seu camarim lotado depois do show. Deve odiar se alguém quiser que ele continue em casa com um show privado. O problema da fama e do carisma é que os outros não conhecem limites no seu desejo de absorver, tomar, deglutir, fagocitar o objeto do seu desejo. E Jesus é famoso. Ele é muito famoso. Ele criou a fama, agora que deite na cama, ou na cruz...

Seria por isso que Jesus tinha 72 discípulos, mas andava mais de perto com doze e, com frequência, escolhia apenas três para se retirar? Será que é por isso que ele, antecipando tantas demandas, começou sua vida se retirando por quarenta dias em um deserto? Esse período de isolamento total, o único da sua existência, seria lembrado com carinho no futuro? Bem, o demônio o perturbou no deserto. Quando não eram os leprosos, era o diabo!

Trago essa narrativa à tona para pensar nas pequenas cruzes e nos pequenos perdões. O da cruz é o mais épico de todos os perdões. Mas, se foi grandioso e coerente, não devemos diminuir o perdão cotidiano. O perdão das coisas pequenas, das marolas que desgastam o píer das relações. Esse perdão é fundamental porque a maioria das pessoas não terá de perdoar um genocídio, um estupro coletivo, uma mortalidade de milhões. Os pecados épicos e grandiosos chegarão pouco para a maioria de nós.

Sei que exagero quando digo isto, mas talvez seja mais fácil enfrentar um câncer do que centenas de pequenas dores diárias. Por quê? O câncer nos mobiliza. Uma doença grave provoca reações, eventuais redes de solidariedade, busca de soluções e, com sorte e método, uma cura redentora. Mas há as gripes intermitentes, as diarreias, as dores de dente, as enxaquecas, as luxações, as cólicas, as insônias, a espinha que brota esplendorosa no dia do compromisso importante, o joanete, as costas que pesam, o olho que cansa.

Claro que, se alguém com uma doença grave tivesse de escolher entre seu tumor lancinante e dezenas de cólicas, a escolha recairia sobre a dor menor. Mas não é uma figura retórica: enfrentar um grande mal mobiliza tudo dentro de nós. Diante do risco da morte, da imensa perda, da devastação, surgem energias inauditas. Diante das centenas de pequenas dores, a maior das energias se desgasta. A dor épica nos torna um pouco heróis. A dor pequena nos torna apenas chatos.

As pequenas dores são como os pequenos perdões. Individualmente são fáceis. Lógico que é mais árduo esquecer uma traição amorosa do que a toalha molhada sobre a cama. Colocados lado a lado, adultério e urina fora da privada não são comparáveis. Mas há uma chance do segundo erro ser mais frequente do que o primeiro. Os pequenos erros, diários, repetitivos, aqueles que são constantes e suavemente irritantes. A pessoa que fala demais quando você chega. O marido ou a mulher que não entende que você deseja um pouco de paz e de silêncio. A pessoa que lhe descreve em detalhes longos uma história de uma irrelevância abissal. Pior: interpretam seu silêncio como atenção concentrada, e não como esforço para não gritar e mandá-la calar a boca.

A grande traição amorosa chicoteia nossa consciência. Incomoda muito supor quem você ama em outros braços e mentindo para você. É um soco forte em estômago delicado. Mas... e as pequenas traições cotidianas? Os gestos bruscos? As falas entrecortadas? Os murmúrios de desdém? As contradições em público? Nada pior do que estar com o cônjuge em uma festa, contar algo e ser desmentido em público sem cerimônia. Pior, quem nos ouve dará crédito ao desmentido porque, afinal, ele dorme conosco e sabe muito de nós. É um prazer sádico e estranho que existe em muitas relações.

Debaixo da ponte dos amores pode correr um poderoso rio de ressentimentos.

Não adianta. A grande cruz é impactante e, normalmente, desperta solidariedade. As pequenas cruzes não causam o mesmo sentimento, e ninguém quer ouvir falar delas. São elas que demandam os pequenos e constantes perdões.

Há pessoas especiais que não se irritam com coisas miúdas. Admiro-as do fundo do meu coração. Elas não precisam distribuir o perdão em doses homeopáticas porque já deram um perdão geral ao mundo. São seres, realmente, especiais. Pertencem a uma espécie distinta da minha. São sábias. São filhas menores e felizes de Jó. Por que jogar lenha na fogueira da dor de coisas tão minúsculas?

É claro que é fácil perdoar apaixonado ou em um momento bom. Nesse caso, nem se trata de perdão. É, digamos, um tempero colorido da vida a dois. Vou narrar um caso, em parte autobiográfico. A chave da porta da frente, se virada, impede que outra pessoa use sua chave e entre na casa. Na primeira vez, morando junto há pouco, sorrio e digo como funciona. "Não vire a chave assim, amor, que eu não consigo entrar, ok?" Dou uma piscadela de cumplicidade e um beijo. Seria muito neurótico brigar por um deslize tão pequeno e não intencional. No dia seguinte, pela segunda vez, o mesmo problema. "Amor, você não se lembra do que eu disse ontem?" Sorrisos um pouco mais amarelos, pedidos de desculpas, perdão fácil, mas 0,25% mais difícil do que ontem. A reincidência diminui a virgindade da boa intenção. Na terceira e quarta vez não há mais sorrisos. E há a quinta, quando você chega louco para ir ao banheiro, tem pouco tempo para sair de novo e... a porta não abre, porque a chave está virada novamente; o mesmo erro, de novo, mais uma vez. Agora parecem várias coisas: "Será que não sou ouvido ou não sou importante?"; "Será que existe uma deficiência mental?", "Será que é uma maneira de impedir minha entrada súbita em casa para não ver algo?", "Será que esta chave simboliza a não entrega e a preservação de uma individualidade resistente ao amor?" As perguntas malévolas, as ilações pérfidas, tudo se mistura em um turbilhão a partir da simples chave que não gira.

O leitor pode pegar um exemplo só seu. Eu ofereci um meu. É real. Depois de uma briga forte (por algo tão besta), há uma reconciliação, um pedido recíproco de desculpas, algum choro, uma tentativa de se amar. Os amigos são depositários de uma declaração dupla de cada um dos polos envolvidos: os amigos de quem fica para fora ouvem e afirmam que ali está uma pessoa difícil de conviver, pois não respeita o direito constitucional de ir e vir; não houve respeito por seu pedido. Os amigos da parte que o deixou para fora ouvem e garantem que ali está uma pessoa difícil que por causa de algo tão insignificante briga diariamente. Cada grupo de amigos do casal cumpre sua função que é intrigar a relação e reforçar aquilo que já acreditamos antes de procurar o conselho deles.

Bem, ficaria muito cansativo, mas houve uma milésima vez da chave. E houve mais uma depois da milésima. Diante da inutilidade das análises e dos choros e das brigas eu... troquei a fechadura por um modelo que não apresentasse esse problema.

O leitor já exclamou: "Claro, por que isso não foi feito antes? Por que dar continuidade a uma questão tão pequena? Por que não buscaram uma solução prática para isso?" A troca da fechadura resolveu integralmente o obstáculo. Mas foi anotada em um canto rancoroso do cérebro: tive de gastar dinheiro por culpa alheia. Ficou anotado em um recanto úmido algo como: "Desta vez eu me movi para resolver, na próxima eu quero que resolvam por mim." Perdoei e resolvi a chave, mas não perdoei nem esqueci a diferença entre nós. Não perdoei a história das discussões sobre a chave. Construí uma memória que funciona como uma ferida: pode cicatrizar, mas a área está afetada para sempre. O "vaso partido" com o qual iniciei meu livro volta ao foco. Foi uma fratura, foi colada, está funcional de novo, mas acrescentou um grama ou uma tonelada ao prato da balança permanente de todo casamento: será que vale a pena?

Aí fica mais clara a posição que tentei defender. Se o marido tem defeitos estruturais, como violência intensa ou impulsos homicidas; a mulher, normalmente, não tem dúvidas de que deve sair correndo daquela relação em legítima defesa. Na agressão enorme, direta, a reação fica mais clara. O ato extremo leva a uma maior clareza na reação. Mas imagine a chave se repetindo, a toalha molhada na cama, o nervosismo dele ou dela quando dirige, a mania de convidar sem avisar, a incapacidade de dormir um pouco mais no dia que você está exausto(a), ou a incapacidade de sair da cama estando em Paris em um dia de sol lindo de abril. Imagine isso ao longo de anos. Consegue imaginar? Bem, se você já foi ou é casado, consegue.

Eu não posso chegar ao juiz e dizer: "Excelência, tenho de separar porque ela prefere sempre vinho branco e isso é um sinal claro de falta de conhecimento enológico. Ou: ele sempre quer brindar, mesmo com copo de requeijão e água do filtro e isso desqualifica o brinde nas ocasiões especiais. Ou: as piadas dela são infames e sem graça. Ou: ele gosta de filmes idiotas. Não é possível se separar por isso, mas suponho que sejam essas as grandes causas da separação.

Suponho que a traição venha depois de tudo o que veio antes. O adultério seria o centésimo erro, depois de 99 chaves viradas erradas. Voltemos à mulher adúltera narrada no capítulo anterior. O evangelista não tomou a medida jornalística de ouvir o outro lado. Por que ela traiu o marido? Será porque ele era muito chato mesmo? Será que ele trancava a tenda por dentro e a deixava para fora? Nunca saberemos.

O PERDÃO MAIS DIFÍCIL

Por fim, o perdão mais complicado, sem foco, o perdão difuso e não acompanhado de raiva direta. O perdão é complicado porque é aguado e fraco o mal que o origina. O perdão insosso, insípido e inodoro: o perdão pela chatice. A chatice contamina até seu perdão. O perdão para os chatos também é chato. Mas a chatice é complexa. Vamos a ela.

O conceito desse erro (pecado?) é difícil. Por exemplo, no episódio da chave virada na porta, era chato quem dava a instrução e não era ouvido ou quem virara a chave e não ouvia? OU ambos seriam chatos? Ou, pior, a própria descrição desse episódio já seria chata em si.

A primeira definição de chato é aquilo que tem superfície plana. É o que quer dizer a palavra em latim. Por metáfora, o chato é plano, ou seja, sem acidentes, sem reentrâncias, repetitivo na forma, monótono. Sem brilho, uniforme, maçante, insistente: o chato está associado ao invariável. Um livro, um filme, uma pessoa, uma estrada; aquilo que não nos surpreende, nada nos acrescenta, não provoca surpresas é, por definição, chato.

Mas vamos complicar esse tipo. O chato é, além de repetitivo, falso. Por exemplo, nada mais chato do que alguém que repete uma informação, uma atitude, uma mania ou um gesto. Mas o chato de fato é o que repete essa informação e ela está errada ou representa um conhecimento que ele não domina. Por exemplo, um enólogo pode ser chato no tempo que leva para apreciar a correta cor, o aroma, o corpo ou a lágrima do vinho. Se ele discorrer horas sobre isso, pior ainda. Porém, o "enochato" traz informações corretas. Ele pode ser chato por monopolizar a conversa ou por exibir um conhecimento que não atingimos. Porém, o "enochato" traz boas informações que eu, sem a mesma chatice, posso até reproduzir depois. Mas há algo pior: o "enobobo". O "enobobo" faz o mesmo que o "enochato", mas não sabe o que diz. Olha o vinho contra a luz e, independentemente da cor que percebe, tasca ao dogma: cor rubi intensa. Gira a taça mais do que um carrossel e aspira com suavidade afetada para afirmar: buquê intenso, amadeirado, com intensa oxirredução. Ele não sabe o que é oxirredução e o vinho é jovem demais para ter tudo o que ele diz, mas o que pode deter um "enobobo"? Enfrente-o com uma informação contrária. Ele dirá que já leu mais de cem livros sobre o tema, argumento pouco convincente, já que as traças já comeram milhares e não são sábias ou cultas. As traças, após muitos livros, continuam traças. Tolere chavões, porque eles brotarão em um fluxo de clichês. E após muito tempo de ansiedade, ele dará o veredicto ao impaciente *maître* que aguarda: pode servir! Você o conhece, sabe que há pouco ele apreciava vinho alemão de garrafa azul com o mesmo entusiasmo que agora, recém-aprendido o texto, só tolera os borgonhas envelhecidos. Você sabe que o horizonte geográfico e cultural dele termina em Boca Raton, mas ele discorre sobre as vinícolas da Toscana e uma obscura cave, desconhecida de todos, em Dijon, que ele visitou com um grupo de eleitos. Esse seria o chato pretensioso.

A primeira raça de chatos é a dos repetitivos. Por exemplo, o chato que fala sempre a mesma piada, que já não tinha graça da primeira vez. Como é difícil forçar o riso para não tornar a situação ainda pior. O repetitivo da desculpa também é insuportável. Sempre a mesma para não fazer algo. O repetitivo da crítica, do mesmo filme, da mesma experiência.

A segunda raça é o já indicado pretensioso. Pode ser no conhecimento, pode ser no uso da gramática. Já testemunhei milhares de vezes alguém criticar um presidente qualquer pelo mau uso da língua com frases incorretas. Ninguém é perfeito no uso da norma culta, mas alguns conseguem ver muita imperfeição apenas nos outros.

A terceira raça é o trágico mal-humorado. Sempre anuncia desgraças. Sempre recomenda que fujamos para as montanhas com rações e água. Sempre traz conspirações que vão do leite ao Banco Central. Sempre aumentam as crises. Sempre lembram o pior de tudo. Nada é bom. Qualquer depoimento sobre um bom roteiro, um restaurante agradável, um livro interessante: ele redargui com informações terríveis. Nada pode ser bom ou cheio de prazer.

A quarta, é o chato concorrente. Você tem noventa mil pontos na sua milhagem? Ele tem um milhão. Você já foi quatro vezes ao Vietnã? Ele foi onze. Você gastou duzentos dólares em um vinho especial? Isso não é nada, ontem... Você tem dores de cabeça fortes? Ele tem um tumor! Nada pode ser mais — às vezes melhor e às vezes pior — do que aquilo que ele possui. Até a dor desse chato é sempre dificílima. Eventualmente ele pode ser divertido. Você conta que plantou duas árvores e ele diz que plantou a Amazônia inteira. Você afirma que já leu *A montanha mágica* e ele já leu toda a cordilheira. Enfim, você pode surpreendê-lo dizendo: já broxei cinco vezes. Ele ficará tentado a dizer: e eu cinquenta! Mas terá um minuto de hesitação. É o momento divertido dessa quarta raça.

Quinto universo da chatice: o catequista. Pode ser alguém que segue homeopatia, é budista, ou evangélico, ou ateu, ou vegetariano, ou faz pilates, ou fez um curso de leitura dinâmica. O chato catequético faz sermões e prega sua opção. Ele faz um sermão, desenvolve a ideia e continua tentando convencer você. Ele é universal: pode estar na extrema direita ou na extrema esquerda, ter fé ou ser agnóstico: o importante para ele é converter as pessoas. E quando você não aguenta mais, ele promete livros, folhetos, panfletos para que você perceba como a posição dele é a melhor possível. Ele acabou de ler um livro que mudou a vida dele? Ótimo. Perfeito. Ele indica para você ler? Maravilhoso, porque, afinal, é uma preocupação com você. Ele cobra a cada semana que você ainda não leu e insiste e volta ao assunto toda vez? Aqui começa a catequese. O chato catequista atormenta, essa seria a melhor palavra. Ele não desiste. Não adianta mentir que leu o livro e gostou: ele sabatinará cada conteúdo para ter certeza da sua conversão. Por fim, quando você acha que sobreviveu a tudo, ele indicará outro livro do mesmo autor, já que você gostou tanto do primeiro...

A sexta raça é a maior e mais complexa. É um tipo de *hybris*, de desequilíbrio, de desmedida. É a expressão grega para aquilo que detona uma tragédia. Engloba todas as categorias anteriores e anuncia outras. É a pessoa que excede muito o padrão usual de algo. Exemplo: é bom lavar uma fruta antes de comer. O chato da desmedida lava com escova, deixa de molho em hipoclorito, seca com lenços esterilizados e... prega a você que faça o mesmo. É bom gostar das pessoas, abraçar quem se ama, presentear como prova de afeto. O chato do desequilíbrio afetivo abraça demais, dá excesso de presentes, manda excesso de mensagens de afeto, diz que gosta demais de você muito demais. É muito bom ter um *hobbie*, mas o chato *hybris* só fala disso. Muito saudável seguir uma dieta equilibrada: o chato é o que não come sem saber o grau de acidez do azeite de oliva e exige o certificado ginecológico para saber se é extra-mega-ultra-blaster virgem.

Essa raça pulula nas redes sociais. São os que obrigam você a sair de um grupo porque mandam mensagens por cada átomo que se movimente durante o dia. Tiram fotos em excesso e mandam todas para você. E se você insinua que isso é um exagero, desculpam-se em excesso, mandam muitas explicações e entulham seu computador com mensagens pedindo desculpas por terem mandado muitas mensagens. São excessivamente afetivos, excessivamente fofos, excessivamente queridos e educados. São excessivamente chatos.

A sexta raça inclui os que seguem de forma estrita as regras: um desequilíbrio da observância. É muito bom ser bom motorista e uma prova intensa de cidadania. O chato da sexta raça é o que você deu carona e, ao sair, afirma: "Você está a 52 cm da guia da calçada." Mas isso não é um zelo pela chance de você levar multa por menos de uma polegada ou cuidados com o espaço público. É só chatice mesmo. Você serviu um prato clássico e mudou a receita? Não escapará aos ortodoxos da culinária. Eles não conseguem dizer apenas "prefiro desta forma", eles explicarão o motivo de serem melhores e insistirão com você até o fim dos tempos.

O sétimo tipo são aqueles que, como eu, fazem listas dos tipos de chatos. A esperança desse tipo é, ao falar de chatos, não ser considerado chato. Haverá algo mais chato do que listas? Bem, incluir-me no sétimo tipo foi modéstia extrema:

identifico-me como chato em quase toda a tipologia anterior. Salvo-me com uma observação final: todos temos direito a um momento de chatice diária ou semanal. Podemos ESTAR chatos em determinado momento. Deveríamos lutar para não SER. A chatice deveria ser como um hotel vagabundo onde passamos quase por acidente. Nunca deveríamos fazer carreira como *concierge* dele.

Mas o que faz este pequeno tratado de chatice neste livro? Como eu dizia antes, os grandes crimes épicos são impressionantes e demandam uma escala de perdão gigantesca. É o perdão da cruz, o perdão por uma grande causa para um mal grandioso que precisa ser dado em um momento de dilacerante angústia. Esse é o tema da paixão de Cristo nos Evangelhos. Esse é o tema de *Crime e castigo*, de Dostoiévski; do *Hamlet*, de Shakespeare; do *Édipo rei*, de Sófocles; da *Medeia*, de Eurípedes. As mais altas elaborações mentais da literatura e da arte giram em torno do crime, castigo, perdão ou vingança de atos como estes: fratricídios, homicídios, deicídios, uxoricídios, genocídios, regicídios e outros. É a face épica e grandiosa do mal.

Mas há os pequenos delitos, os minúsculos incômodos, as chatices do dia a dia e o convívio com os chatos. Aqui as faltas são mais leves, mas exasperantes. Talvez o perdão seja menos elaborado, mas há o sacrifício da repetição e de não mobilizar toda a nossa energia.

Outra questão: o arrependimento do erro. Um rei que mandou matar seu soldado para ficar com sua esposa, como Davi, pode se arrepender e ser aceito novamente. Davi cometeu um crime, mas não é, estruturalmente, um criminoso. Davi pode se arrepender e se voltar para o Bem. Mas um chato pode se arrepender de ser chato? Alguém chato pode se "desenchatear"? Veja, todo ser humano tem momentos de chatice, dependendo da fase ou do humor. Mas falo do chato estrutural. Ele pode ficar, digamos, interessante?

Vamos a um filme para tornar tudo menos chato. O diretor Yves Robert (1920-2002) dirigiu, em 1992, um filme chamado

Le bal des casse-pieds. No Brasil, a fita ficou conhecida como *Este mundo é dos chatos*. Na obra, o diretor aponta todos os tipos de chatos. Em um jantar formal, há a chata que não cala a boca e fala sobre os fiordes da Noruega e pega no braço do pobre protagonista ao falar. Não sei o motivo, mas os chatos adoram pegar em você quando estão emitindo suas chatices. Surge o chato do acidente de trânsito, que assume postura legalista. Mas há uma cena ótima ao final e que define tudo. O casal se senta no avião, mas não consegue ficar em lugares lado a lado. No meio deles há um homem, a propósito, um chato. Chatos voam com frequência. A aeromoça indica ao homem chato que ele pode sentar-se em outro lugar melhor do que aquele, mas ele prefere ficar ali, no meio do casal. Chega a comida e o chato recusa. Não obstante, fica pedindo pedaços do que chegou para os jovens ao seu lado. Já lhe aconteceu isso querido leitor, querida leitora? Sua companhia não quer sobremesa nem vinho, mas fica pegando do seu? Você pergunta: "Você não quer pedir para você?" "Não obrigado, não como doce", e vai mais uma garfada no seu. E mais um gole de sua bebida... Nova pergunta e resposta irritada: "Eu já disse, eu não bebo."

Com esse chato no avião, o narrador, enfim, entende que o mundo é dos chatos, o mundo pertence a eles, que eles são os legítimos proprietários deste planeta e de todas as sociedades. Quem não é chato é uma espécie de convidado, um ser exótico, excêntrico, que deve tentar não irritar demais os nativos. Sendo um filme dos anos 1990, o autor não chegou a incluir uma tentativa de cancelar uma linha de celular. Daria um imenso quadro nesse recorte. Atendimento ao telefone de uma grande empresa é a obra-prima da chatice, o ponto máximo que a humanidade chegou após séculos de tentativas.

O perdão mais difícil é pela chatice, especialmente quando o chato é bem-intencionado. Mais ainda: quando o chato é um parente ou um amigo. O cara lhe contou a piada porque deseja ser engraçado. Talvez queira agradar. Ele gosta de você. Como mandá-lo se calar? Outro discorre sobre a grande viagem da sua vida há uma hora? Você sabe que ele está entusiasmado e que foi importante para ele, mas não é tão importante para ninguém no mundo. Há um limite para a generosidade humana.

É nesse ponto exato, nas pequenas e grandes chatices do cotidiano, que o perdão deveria vir mais rapidamente. Podemos pensar no sentido estoico: os chatos são feitos da mesma matéria que eu sou feito, são meus irmãos, constituem a humanidade como eu. Mas o desafio é grande.

Se alguém for uma pessoa muito tomada desse sentimento de humanidade, poderia demonstrar interesse por uma conversa muito aborrecida. O que o irrita, leitor? A mim, que sou ansioso, as histórias detalhadas de cotidiano: "Aí, né, eu entrei. Então, quando eu entrei, eu já estava dentro da sala. Aí eu vi que ela estava lá. Eu tinha entrado e estava meio escuro e eu levei um tempo para entrar e me acostumar com a pouca luz. Ela me olhou e eu fiquei olhando, né? Não me movi, porque ela estava me olhando, né? Daí eu pensei, já que eu entrei, eu vou falar. Daí eu falei, né..." Não sei se a pessoa percebe. Mas a falta de beleza na narrativa, a irrelevância do tema, a repetição de palavras, a falta de expressividade ao contar, a chatice do cotidiano: tudo encontra eco no meu olhar, que grita sem dizer: "Pelo amor de Deus, vá ao final desta história imbecil." Bem, quase sempre eu consigo não dizer ou gritar isso. Mas meus olhos dizem. Costumo olhar para o relógio; ou para a porta, ou para a janela pensando em saltar por ela. A narrativa fática e sem beleza me irrita. Que tipo de conversa o irrita?

Se não gritei nem me suicidei, se consegui acompanhar a história e balançar a cabeça sorrindo de quando em vez, se consegui fingir interesse e fui até o fim, mesmo assim, não consegui ser um excelente ser humano. O olhar que lanço é de condescendência. Condescendência implica certa superioridade, mesmo generosa. É o olhar do pai e da mãe para a criança que narra um acontecimento muito irrelevante como se descrevesse a batalha de Waterloo. Eu posso fingir acompanhar e ter interesse, mas finjo porque considero que eu tenha histórias mais legais ou problemas maiores. Logo, o primeiro ponto para perdoar a chatice pequena é para que se perdoe a minha vaidade de me achar um não-chato. E, no frigir dos ovos, devo lembrar: ser chato não é pecado, ser vaidoso, é.

Não tem jeito. Se eu for religioso, devo entender, como os budistas dizem, que uma pessoa difícil ou chata está lá para queimar meu carma e me testar. Se eu for um cristão piedoso, devo lembrar que muito mais Jesus sofreu e que esses contratempos são um teste para nosso orgulho. Se eu tiver bom trato psicanalítico, posso pensar que o ponto que me chateia revela muito de mim e mostra minha fragilidade. Algo pequeno só se torna grande se for, em algum sentido, grande para mim. Posso apelar a estoicos, à mística islâmica sufi, aos exercícios cabalísticos, às fugas deliberadas dos chatos. Posso tudo. Porém, em algum momento, o chato vai me pegar pelo braço e eu precisarei pensar muito firmemente em uma adaptação das palavras de Jesus na cruz: "Pai, perdoa-lhes, porque não sabem que são chatos."

Capítulo 8

Novos pecados e novos perdões

UMA RODA EM UM MUSEU

No Museu do Prado, em Madri, revi recentemente uma obra que conheço há muito. Visitar uma obra-prima é como encontrar um velho amigo com novidades. Mudei e a obra parece ter novas informações sempre. A peça em questão é do pintor flamengo Hieronymus Bosch (1450-1516), famoso por suas figuras imaginativas (e até bizarras) que inspiraria os surrealistas no século XX. Em Madri, Bosch assume o bonito nome de El Bosco.

A obra está deitada em uma vitrina e deve ser vista de cima pelo visitante, como se observasse uma mesa com tampo trabalhado. Medindo 120 cm × 150 cm é chamada *Os sete pecados capitais e as quatro últimas coisas*. É provável que tenha sido pintada por volta do ano do descobrimento do Brasil, 1500.

Em quatro círculos nos quatro cantos estão as chamadas últimas coisas. Na Teologia Católica tradicional elas são: Morte, Julgamento, Céu e Inferno. Em português, usamos mais a expressão retirada do livro Eclesiástico, novíssimos, ou literalmente, em tradução moderna: "Em todas as tuas obras lembra-te do teu fim e jamais pecarás" (Eclesiástico 7:40). Todos morreremos, todos seremos julgados, todos estaremos ou no Céu ou no Inferno. Apesar da crença católica sobre o Purgatório, ele não consta aqui por não ser definitivo. Ninguém ficará para sempre no Purgatório. Porém, Morte, Julgamento, Céu e Inferno são irreversíveis.

No círculo central, a ilustração sobre os sete pecados já tratados nos capítulos anteriores. Sabemos que ainda não havia preguiça, mas acédia. Cada pecado tem uma pequena cena na qual é representado na sua forma cotidiana. São esquetes domésticos, facilmente identificáveis pelos observadores. No círculo central, uma espécie de olho, de pupila estilizada, de onde emerge a figura do Cristo ressuscitado. Em latim, uma frase forte: "*Cave Cave Deus Videt*"; em tradução livre, "Cuidado, cuidado, Deus vê".

Acima e abaixo do grande círculo há uma citação latina de dois versículos do livro do Deuteronômio (32:28-29): "É gente que perdeu o juízo, a quem falta o conhecimento. Se fossem sábios, compreenderiam e discerniriam o que os espera."

Do ponto de vista artístico é uma obra muito importante, mas na mesma sala perde o foco das atenções para o *Jardim das Delícias*, o impressionante tríptico. Do ponto de vista teológico é uma síntese bem feita: pecados, centralização em Cristo, destino final e uma concepção, corrente até pouco, de um Deus vigilante e julgador. Não importa quão secreto seja seu vício, Deus vê, anota, observa. Antes do Big Brother de Orwell o universo já era preenchido por teletelas teológicas.

Na cena da morte há um anjo e um demônio pesando a alma do defunto com seus atos bons e ruins. A matemática dessa operação deveria apavorar muita gente. O medo sempre foi um esteio moral importante para reunir o rebanho. Os latinos diziam que as moscas são mais atraídas pelo mel do que pelo vinagre, para dizer que os discursos bons são eficazes. A tradição católica mais antiga pensava o contrário: as chamas do Inferno assustam mais do que seduzem harpas do Céu. O medo da condenação é muito importante para seguir esse modelo de Deus.

Percorremos os sete pecados e seus exemplos, sua teologia e sua representação. O quadro de Bosch sintetiza grande parte desse caminho. Para o mundo urbano e laico, o mundo de *tablets* e de velocidade, tudo isso pode parecer um preciosismo do passado, uma relíquia arqueológica, um pensamento que demonstra como éramos mais primitivos. Gostaria de demonstrar o contrário.

A parte da humanidade que elaborou a lista de pecados e suas punições é a humanidade que existe até hoje, com mais aparelhos e mais tecnologia. Sob a pele externa das mudanças rápidas, sempre jaz um universo de continuidades. A teologia moral católica medieval fala muito do mundo do século XX. Na verdade, se você notou bem, este foi grande parte do meu esforço nas páginas anteriores: demonstrar que velhas metáforas teológicas falam de questões muito atuais.

DE BOSCH AOS EMPREENDEDORES

Os pecados são um contradiscurso. Significa que exaltam, com vetor trocado, as virtudes. Assim, falar de virtudes é falar de pecados e vice-versa. Quase todo discurso moral tem esse jogo duplo. Falo e, querendo ou não, construo o oposto do que digo.

Hoje tratei da virtude do empreendedorismo. Já a citei neste livro. O indivíduo proativo, cheio de iniciativas inovadoras, desafiador e desafiante, não dependente de zonas de conforto; criador, enérgico na condução dos seus propósitos: este é o novo *superman* do mundo líquido. É louvado em livros, biografado em modelos canônicos, almejados pelos departamentos de RH das grandes empresas e vira *case* de estudos. A Idade Média tinha santos, nós temos empreendedores. Eles guiam a um tipo de Paraíso: o divino ou o sucesso financeiro e pessoal.

O empreendedor foge da caixa, pensa fora do círculo, cresce quando todos fracassam, lucra em meio ao caos, transforma obstáculos em oportunidades. O empreendedor é o farol da raça e mostra para as pessoas o que elas ainda não imaginam desejarem. É muito citado o exemplo de Steve Jobs falando de um dos criadores da indústria automobilística moderna, Henry Ford: "Se eu perguntasse aos meus clientes o que desejavam, eles teriam dito cavalos mais velozes." Henry Ford foi além e fez o automóvel em série; Steve Jobs levou adiante o projeto da Apple. Em resumo, as massas sequer sabem o que desejam e cabe ao empreendedor mostrar aos andares abaixo a cenoura que devem perseguir na ascensão. O verdadeiro empreendedor não é o que atende o público, mas o que o antecipa e até dirige gostos e necessidades da massa.

Havia muitas biografias de santos na Idade Média, eram as hagiografias. Descreviam em detalhes o que tinha ocorrido com cada alma em busca da perfeição. As hagiografias eram o material de MBA teológico nos séculos XII e XIII. Os santos conseguiram e seguiram um caminho X. Caberia a mim, alma fiel, seguir o mesmo caminho. Na época moderna, crescem os métodos de santidade. Tomás de Kempis, Teresa d'Ávila, Inácio de Loyola, Francisco de Sales e tantos outros nomes criaram grandes caminhos para o sucesso que, na época, era a santidade e o Paraíso. Também havia propostas mais simples, só para citar, O Cura d'Ars (João Maria Vianney) e Teresa de Lisieux. Eram indicados para almas mais singelas, talvez, em linguagem atual, microempresários. Os anteriores eram para empreendimentos colossais e mudança do mundo.

Os empreendedores católicos clássicos deram lugar aos contemporâneos. Sob a influência católica romana, o mundo era dividido entre os que iam para o Céu e para o Inferno, como representou Bosch. Sob influência da nova Roma, os Estados

Unidos da América, o mundo está dividido entre *winners* e *losers*. O novo Inferno é o fracasso econômico, a infelicidade pessoal, a falta de forma física, o pessimismo, a acomodação. A falta de fama, o declínio do dinheiro, engordar, ser abandonado, não atingir cargos de liderança empresarial, todos são os castigos temidos para os *losers*.

O empreendedorismo é uma virtude capital que se opõe a um pecado mortal contemporâneo: a acomodação. Os acomodados são os novos adeptos da preguiça antiga. O defeito que o demônio Belfegor produzia, foi substituído pela falta de método, pela falta de plano, de objetivos. A Teologia e a guia das almas deram origem ao *coaching*, nosso novo confessor. Veja bem leitor(a), não é uma crítica nem à Teologia e nem ao *coaching*; apenas identifico uma continuidade. Um guia espiritual do século XVI, como Inácio, mandava a alma piedosa escrever sua biografia e analisar quais as metas que realmente valem a pena e o sentido da sua vida. O que Inácio chamou de Exercícios Espirituais, hoje aparece como orientação de *coaching*.

Vamos supor uma tarde na São Paulo colonial de 1750. A cidade cresceu com o ouro descoberto por paulistas em Minas. Já é uma diocese e há mudanças por todo o lado. Na tarde de uma sexta de Quaresma, um homem bom (seria o membro da elite de então) procura um piedoso beneditino para se confessar. Conta que possui muitos escravos negros e indígenas, algo pelo qual o religioso não o condena. Conta que ganhou dinheiro com tropas de mulas que estabeleceu na feira de Sorocaba e que daria uma importante contribuição para a Igreja. Por fim, conta que, em um momento de fraqueza, dormiu com uma das escravas. O monge, sonolento até então, quase pula no confessionário e condena veementemente o ato. Era um pecado e o arrependido paulista deveria rezar um rosário inteiro e se afastar da fonte da tentação. Deveria colocar na cabeça que isso não poderia se repetir, que deveria ler tais e tais textos, fazer uma peregrinação, buscar as coisas do alto para que a morte não o surpreendesse no pecado. Era uma sessão de aconselhamento possível dentro dos valores da época. Nós mudamos o móvel, o padre, os temas. Mantivemos a vontade de obter êxito dentro de determinado sistema de valores. A função do religioso era aproximar expectativas: a espiritual indicada pela Igreja e a terrena seguida pelo homem bom.

Talvez exista uma mudança muito radical entre o santo vitorioso moral no século XIII e o empreendedor do XXI. O santo, como no caso que narrei longamente, Santo Antão, poderia se retirar para uma caverna, sem testemunho algum. O santo poderia obter vitória em silêncio e sozinho. A santidade poderia (nem sempre o foi) ser alcançada em uma relação solitária. O Deus que tudo vê, segundo o centro do círculo de Bosch, era a única testemunha. Mesmo em comunidades, a santidade era um fenômeno muito interno, acompanhado por um conselheiro espiritual. No caso de Teresa de Lisieux (1873-1897), causava enorme espanto para as outras freiras que ela mantivesse um diário de prodígios espirituais. Teresinha parecia, de longe e de perto, uma jovem pouco chamativa, discreta, absolutamente comum. Aquela jovem tuberculosa de 24 anos, que morreria poucos dias depois, não poderia ser santa para suas companheiras, em 1897. Somente seu confessor e Deus testemunhavam as lutas internas. Somente a posteridade viu nela valores e a transformou em doutora da Igreja.

A santidade, ao contrário do empreendedorismo, poderia privilegiar os pouco inteligentes. São João Maria Vianney (1786-1859) é o padroeiro de todos os vigários. Jovem muito esforçado, mas muito limitado intelectualmente, foi designado para um local obscuro, Ars-sur-Formans, na região de Rhône-Alpes, na França. Era um seminarista e depois um padre muito agradável e dedicado, mas de capacidade mental reduzida. No sentido estritamente intelectual da palavra, Vianney era burro, muito burro. Não conseguia comparar conceitos, a memória era fraca, a interpretação de textos, um desastre, e o poder de abstrair quase nulo. Se fosse um conselho de classe atual em uma escola, ele seria aprovado, pois era limitado, mas muito esforçado. Ele era o clássico "bonzinho", quer dizer, burro e simpático.

O modesto cura começou seu trabalho no pequeno vilarejo de Ars. Não era um São Bernardo no púlpito, com metáforas incendiárias e braços no ar. Havia aprendido francês na escola (falava um dialeto provinciano em casa) e nunca se tornou um grande conhecedor da língua de Racine e Bossuet. Simples, simpático, sem desafiar ninguém, confessava o povo do local por horas. Destacou-se por isso. Não falava de punições, mas do carinho do *Bon Dieu* (Bom Deus) para com todos.

Nesse serviço opaco e interiorano de confessar pessoas simples, foi ficando conhecido. Passava horas vivamente interessado nas histórias narradas por seus paroquianos. Quando morreu, tinha fama de santo. Canonizado pelo papa Pio XI, em 1925, tornou-se padroeiro de todos os vigários. Sua festa, 4 de agosto, é o dia do padre. O corpo incorrupto do Cura d'Ars está em vitrina transparente em uma basílica que brotou da sua ação. A aldeia virou centro de peregrinação. A fé comporta esse tipo de vitória silenciosa. A religião pode consagrar os limitados. O empreendedorismo, não.

O empreendedor é inteligente, o santo pode ser burro no campo intelectual. O empreendedor explode em energia e ação: o santo pode ser silencioso e tímido. Porém, a grande diferença entre as virtudes do mundo cristão e do capitalismo contemporâneo está em outro campo. Talvez seja o mais importante. Só existe vitória no capitalismo contemporâneo de forma pública.

O empreendedor é horizontal, e não vertical. O santo mira no além e acima. O empreendedor mira no mundo que vive, mesmo que sonhe verticalmente. Só há sentido em vencer se for para se destacar da multidão. Só é bom o carro de luxo se nem todo mundo puder possuí-lo. O empreendedorismo não pode contemplar a todos, ao contrário da santidade. Se todos forem Steve Jobs, quem trabalhará no Vietnã de madrugada fazendo *smartphones* geniais e revolucionários? Quem pagaria o preço do trabalho repetitivo e mal remunerado que pudesse ser a base para que gênios empreendedores ficassem milionários?

Suspeito que a competitividade de modelo norte-americano, que se espalha por certas camadas do mundo, tem como grande motor não exatamente o sucesso pessoal e profissional/financeiro, mas o destaque sobre o fracasso alheio. A vitória do *self-made man* é a vitória sobre os que não se fizeram, ou que se fizeram com base em outros modelos. O empreendedor é o santo que atingiu o Paraíso. O *loser* é o novo pecador por excelência, condenado ao Inferno da mediocridade, do pouco dinheiro e do não reconhecimento. Mas empreendedor de sucesso e *loser* são facetas dependentes da mesma moeda, como sempre o foram Deus e o diabo. Um sistema implica o outro, explica o outro, completa o outro.

O foco do empreendedor é ver o que os outros não viram, investir no campo que ninguém percebeu como sendo de futuro, aplicar energias em áreas que a maioria não conseguiu ainda captar. O empreendedor é, antes de tudo, alguém que luta para não ser tragado pelo universo de perdedores. O empreendedor precisa se destacar dos outros. Esse é seu vórtice, seu medo e seu Inferno. Difícil saber se ele mira acima para crescer ou mira abaixo para evitar. Estendido na tensão dessa corda nietzschiana entre o nada e o além-do-homem, o empreendedor se equilibra, se contorce e dá suas piruetas abismo abaixo. Nem precisamos dizer a quem ele quer impressionar: o povo do abismo abaixo, os *losers*.

Entendam-me, paciente leitor e paciente leitora. Não fiz um ataque ao empreendedorismo. Estou escrevendo este livro em um computador que muito devo a um deles. Minha sala está iluminada pela invenção de outro, mais antigo, que criou a lâmpada. À minha frente há livros impressos que nasceram de ideias na China e na Alemanha. De Gutenberg a Edison, de Einstein a Jobs temos muito a dever a mentes inquietas, produtivas e brilhantes. Meu primeiro objetivo foi comparar duas teologias; uma mística e religiosa e outra, laica. Mas também queria, sim, criticar a ideia de que a felicidade acompanha o empreendedorismo. Há uma ideia dominante de que o mundo é o mundo verdadeiro apenas para o empreendedor. E se Einstein tivesse morrido como funcionário obscuro em um departamento de patentes na Suíça? E se Steve Jobs seguisse o impulso de ser técnico em eletrônica e seguisse consertando televisores em uma modesta oficina? Ambos não teriam a importância atual, ambos não teriam revolucionado o mundo e ambos não teriam esse imenso impacto nos séculos XX e XXI. Mas teriam sido mais ou menos felizes? Teriam sido bons pais ou maridos, algo que eles nem sempre foram?

Para o historiador, há dois tempos verbais proibidos: o futuro do pretérito e o futuro. Não posso nunca analisar o que teria ocorrido. Nunca direi o que teria acontecido se... Também nunca profetizo, não posso fazê-lo. Não há verbo condicional e nem previsão profética na minha área, ainda que sempre sejam as duas perguntas mais feitas aos historiadores. História só tem, em português, o pretérito perfeito.

Não posso dizer o que teria ocorrido com qualquer pessoa. Nunca terei a evidência científica para comprovar a premissa. Vejamos um exemplo. Joana d'Arc nasceu camponesa, mulher e analfabeta. A lógica natural do século XV na França a teria transformado em esposa, mãe, pobre e agricultora. Por motivos que mereceriam outro livro, ela ouviu vozes, dirigiu-se ao Delfim, ajudou a libertar parte da França do controle inglês e acabou queimada como bruxa, em 1431. Sua vida saiu do esquadro tradicional. Virou uma lenda e uma paladina do ideal francês. Virou símbolo fundamental na construção do imaginário nacional. Transformou-se em estátua. Era um exemplo militar e religioso de convicção pessoal extrema e, por que não dizer, de empreendedorismo. Muitas vezes, ao ver sua estátua dourada em Paris, pergunto-me (não como historiador) se ela, na cadeia ou na fogueira, fantasiou como estaria agora, com dezenove anos, na sua aldeia natal, já com vários filhos, vendo o fogo junto à lareira. Teria se arrependido? Pensaria em doses maiores de chá de camomila ao ouvir vozes (na ausência de Gardenal)? Por que trago essa reflexão à tona? Há um preço bem alto na liderança, na iniciativa, na ação de vanguarda. Achar que ele sempre vale a pena é uma das grandes fantasias da nossa época.

NOVOS PECADOS PARA NOVAS VIRTUDES

Todos os sistemas teológicos tinham seus heréticos e os que ficavam inteiramente de fora. Na Idade Média eram os heréticos, como cátaros, e os de fora, como os islâmicos. Eram o outro interno e externo. No mundo do empreendedorismo, os acomodados são os heréticos internos; os fundamentalistas de outros países são os de fora. Um dos grandes problemas contemporâneos continua sendo converter todo o planeta ao mesmo modelo, grosso modo, o capitalismo liberal. Para isso há vídeos, cursos, bolsas de estudo, intercâmbios. O inglês é o latim da nossa época e, como foi um dia o grego no Mediterrâneo, uma porta para o mundo "verdadeiro e iluminado".

Um grande esforço dos religiosos foi colocar Deus e seu controle dentro do indivíduo. Um Deus externo e distante controla pouco. A consciência culpada, o exame pessoal, o Deus dentro de mim é uma coisa mais eficaz. A roda de Bosch fala que Deus tudo vê. A onisciência foi lida não como um atributo da divindade, mas como forma de controle. Uma vez que o indivíduo carregue o próprio tribunal interno, as prisões ficam desnecessárias.

Todos nós falamos mal da Inquisição ibérica e italiana pelos assassinatos, pela perseguição, pela repressão a homens como Galileu, Giordano Bruno e tantos grupos como os cristãos novos. Tudo isto é verdade. Mas há algo mais a dizer nesse contexto da internalização da repressão. A Inquisição tornou a delação uma virtude, algo que as pessoas deveriam fazer pelo bem comum. Claro, algumas fizeram por venalidade: denunciaram o concorrente ou o que invejavam. Mas imagine-se que um grande número de denúncias ocorreu por causa da convicção interna do denunciador de que aquele ser herético, judaizante ou sodomita era, de fato, um risco ao todo. Levá-lo ao tribunal não era uma mesquinharia, um deslize moral, mas um gesto de bom caráter. Eu me aproximava de Deus e do seu Reino ao possibilitar a tortura e perda de bens de alguém assim. Esse sistema também foi comentado no nazismo ou no stalinismo: a vigilância social é quase tão eficaz como foi a Gestapo.

A ideia de empreendedor internaliza no indivíduo a única sorte pelo seu destino. É um pecado meu. Se fracassei, se não consegui progredir, se não inovei, só existe um único culpado: eu mesmo. Isso se espalha para todas as áreas: como está meu corpo, como está minha família, como está meu intelecto, tudo depende de mim e da minha ação, da minha proatividade.

Nisso os pecados capitais andam ao lado das virtudes e dos vícios modernos. A gula era um pecado. Engordar era seu efeito, mas o glutão tinha ouvido o demônio e se entregava ao excesso. Hoje somos lipofóbicos. A gula é falta de educação alimentar. Corpo obeso é fruto de mente sem vontade. Internalizamos a culpa absoluta e somos agora filhos exclusivos da vontade. O pecador antigo ainda poderia culpar o demônio pela tentação. O gordo do século XXI não tem mais este paliativo.

A ascensão da vontade individual é, grosso modo, um mérito da laicização iluminista e burguesa. Viramos sujeitos históricos. Eu diria que a Cidade dos Homens venceu a Cidade de Deus. Não somos mais um espelho de um plano e os determinismos religiosos (e mesmo os biológicos que chegaram a existir) diminuíram muito. Acreditamos no homem senhor da sua vontade e que, apesar das circunstâncias adversas, pode dizer para a vida que rumo tomar.

Ser sujeito histórico é, a rigor, bom. Abandonar destino, carma, sina, maldição etc. nos torna mais adultos, pelo menos. Perdemos uma noção mágica e infantil que, mesmo assim, sobrevive na autoajuda. Essencialmente, a autoajuda mantém a carga infantil básica: pense e acontecerá, você diz e as coisas surgem, sua crença muda as coisas.

Mas há algo de perverso no novo pensamento. Um pobre é pobre em um sistema de castas indiano porque assim foi determinado pela roda das encarnações. Jó empobrece na Bíblia porque Deus permitiu que o demônio fizesse isso. Um pobre na África poderia ser pobre no pensamento racista do século XIX devido à suposta inferioridade racial que ele apresentava. Em certas reflexões marxistas, a pobreza é produzida por um sistema complexo de opressão que precisa reduzir a maior parte da sociedade à pobreza. Nos quatro casos, por incrível que pareça, a pobreza é externa e anterior ao indivíduo. A rigor, ele não é responsável por isso. Posso ser pobre porque Deus quis, porque meu carma mandou, porque meu DNA é ruim ou porque o sistema capitalista me impede totalmente de obter qualquer dignidade material. Mas, nos quatro casos, não sou responsável por isso. Ao contrário, nos casos descritos, quem tem mais tem certa obrigação caritativa, porque também sua situação privilegiada não é seu mérito.

No mundo empreendedor, liberal e contemporâneo, a pobreza passa a ser exclusiva de uma opção pessoal e intransferível. O fracasso perde qualquer aura de destino e passa a ser um gesto deliberado, e meu, de chegar ao fundo. Eu sou inteiramente responsável pelo meu destino e, assim, ninguém pode ser acusado, nem Deus, nem o capitalismo, nem meu sangue e nem Brama ou Vishnu ou Shiva. É provável que estejamos na pior época social para a pobreza, pelo menos quanto à culpa. Também seria possível supor que, em muitos lugares, respondendo a isso, os pobres reinventem um novo sistema de culpabilização externa. Agora, quem provocou e deve resolver minha miséria é o Estado. O reforço do apelo (especialmente no Brasil) ao Estado como um deus *ex-machina* capaz de tudo poderia ser visto, sob determinados enfoques, como uma reação ao reforço da culpa individual pela situação.

UMA NOVA LEGIÃO PARA LÚCIFER

O orgulho foi o primeiro pecado, sabemos e analisamos quase de forma cansativa. Lúcifer se achou bonito e caiu. O orgulho gerou todos os outros males.

Onde está o orgulho contemporâneo? Vamos voltar um pouco. Na sociedade oligárquica de nobres e plebeus, no mundo onde não havia claros canais de ascensão social, um conde sempre seria um conde, mesmo que fracassasse materialmente. Sua posição era fixa e havia pouco desafio social.

Vivemos no mundo do capitalismo onde a posição do indivíduo varia muito mais. O homem mais rico do Brasil pode quebrar em questão de meses. Um comediante obscuro pode virar um deputado federal. Pessoas que tiveram origem muito humilde podem ascender por meio do trabalho no mercado ou pela política ou pela carreira artística. E, ciclo interminável, podem todos cair rapidamente.

As barreiras mais claras que ainda persistiam no passado foram sendo retiradas. Viajar de avião, por exemplo, não é mais apanágio da elite. Viagens para o exterior não se constituem mais em algo muito especial. A simpática aristocrata quatrocentona descobre que sua faxineira tem uma televisão de tela plana maior do que a sua, paga em um carnê de hoje até a segunda vinda de Jesus. Tudo ficou mais plano, ainda que continuemos em uma sociedade de desiguais. O que mudou foram as fronteiras e a certeza do passaporte de cada um. De repente, *vapt*, alguém pede cidadania em um país de renda maior. Mais um minuto e, *vupt*, outro caiu. As pesadas portas de bronze da sociedade tradicional foram trocadas por práticas portas giratórias.

É exatamente neste universo que meu orgulho deve crescer. Como ninguém reconhece minha superioridade, como ela pode ser tomada e como os elementos democratizantes e igualitários, como a simples fila, me exasperam, vivo atacando com a frase enigmática: “Você sabe com quem está falando?” Naturalmente, como foi visto com o orgulho, quando eu pergunto isso é porque, obviamente, sei que a pessoa não sabe. Se preciso perguntar, é certo que o conhecimento a meu respeito é bem menor do que eu gostaria. Minha fama é tão fraca e meu rosto tão obscuro que eu preciso reforçar com esse gesto autoritário. Esse é o orgulho filho da inferioridade.

Já toquei nesse ponto. Vivemos um momento no Ocidente no qual somos estimulados ao orgulho e toleramos pouco a crítica. Darei um exemplo. Era uma vitória uma nota média ou alta quando eu era aluno. Hoje, quando atribuo oito a uma análise de um aluno, ele me olha um pouco incomodado: por que não dez? O anseio de brilhantismo universalizou-se mais rápido do que sua prática efetiva. O ensino não piorou e nem os alunos estão menos capazes do que outrora. Posso assegurar aos meus leitores: meus alunos são tão inteligentes hoje como outros eram há trinta anos. A diferença não está na inteligência ou na capacidade, mas na crença em si e no orgulho. Menos do que o máximo é, hoje, um insulto. Acho pesado o que vou dizer, mas pensei muito antes de escrever: somos uma civilização de mimados. Ao ler essa frase você ficou irritado? Bem, era exatamente isso o que eu queria demonstrar. Somos todos mimados.

NOVAS GULAS

A gula é uma incompreendida. Quando tratamos dela, percebemos que ela é muito mais do que comer muito. Mas vamos à estrutura das coisas. Comer muito é um efeito secundário de um ato anterior. O ato que caracteriza a idolatria da comida é pensar muito e constantemente nela.

A gula é uma forma de idolatria. Como já mencionado, substitui o Criador pela criatura. Comer muito destrói o corpo e a alma. Mas a gula atual apresenta uma variação fascinante: pensar em comida, medir suas calorias, avaliar seus ingredientes, debater exaustivamente a técnica culinária, evitar gorduras *trans*, fugir das frituras, incentivar os orgânicos — tudo isso aponta para uma forma nova de gula.

Imediatamente meus dedicados leitores pularão do local de onde fazem a leitura e gritarão: "Mas é saudável procurar alimentos orgânicos." Sim, e incentivo essa prática e, sempre que posso, sigo a alimentação mais saudável possível. Não estou falando disso. Do ponto de vista religioso, comer de forma leve e equilibrada é uma virtude. Eu falo do pensamento obsessivo que a comida desperta hoje.

O longo código de adequação alimentar, *kasher*, foi criado a partir da tradição bíblica para que tudo o que fosse ingerido remetesse a Deus. Quando eu abato um boi sem sofrimento, quando eu rezo antes da refeição, quando eu agradeço após comer estou dizendo que, já que eu preciso comer, que isso seja em consonância com o divino.

O que ocorre hoje é um novo código *kasher*. Fazemos extensas listas de coisas que pode ou não pode tendo em mira não o Altíssimo, mas o baixíssimo ventre. Comer fibras, marinar, não fritar, azeite extra virgem, nada de carboidratos à noite, cuidado com a lactose, evitar muita glicose, carne branca, atenção ao ômega 3; somos mais zelosos com a comida do que um rabino ortodoxo polonês do século XVII. Esta farinha é branca ou integral? Este açúcar é refinado ou mascavo? A salsinha deste tempero é orgânica? A água que lavou esta alface é esterilizada? Mais uma vez: é muito bom cuidar da alimentação. Sempre que eu consigo eu cuido. Aqui chamo atenção apenas para um novo tipo de gula, que talvez seja até comer menos, mas pensar infinitamente mais na comida do que os glutões que Dante encontrou no Inferno e no Purgatório.

O glutão clássico queria comer. O novo glutão quer comer (o que for correto ou bonito ou na moda) ou não comer (o que for incorreto, feio ou cafona). Multiplicam-se também as idiossincrasias infantis e adultas: eu não gosto de alho, eu só como cebola roxa, meu adoçante é só desta marca, no meu chá a água deve estar a oitenta graus.... Sempre estranhei as pessoas com essa especificidade de gosto absoluta que não podem tocar ou cheirar um produto X mas se ele for feito da forma Y, amam. Estranhas manias de alimentação. Só entendo e apoio quem não gosta de coentro, porque é horrível mesmo; o resto é tudo frescura.

OS NOVOS FARAÓS

Ao assumir o trono do Egito, o faraó começava a construir sua pirâmide. Era seu primeiro ato e consumiria todo o seu reinado. O Egito era uma civilização fúnebre e, talvez, o povo que mais se dedicou ao além da vida em toda a história humana.

Nós somos uma civilização com tanatofobia. Temos medo da morte. Evitamos execuções públicas, temos horror a cadáveres, não visitamos muito cemitérios. As capelas com ossos como as de Évora, em Portugal, provocam horror nos contemporâneos. Não velamos mais os mortos em casa. Quase não falamos na morte. Quem nos observasse, pensaria que somos todos imortais.

Mas há um ponto em que, especialmente a classe média e alta, ficamos similares aos egípcios. Somos fixados na preparação do futuro. Previdências privadas, fundos de pensão, seguros de saúde e de vida, antecipação de gastos possíveis, reservas etc. Temos muita fixação no controle do futuro. Quanto mais a pessoa trabalha e envelhece, mais ela pensa nisso. Quem não pensa é advertido pelos amigos: "Olha lá, um dia..."

É uma virtude atual e muito forte preparar uma velhice tranquila. Estamos vivendo bem mais do que no passado e temos de levar isso em conta. Mas isso anda de lado com um novo tipo de avareza: a avareza da morte.

Ser avaro hoje para ser pródigo depois. Inversão da parábola do filho pródigo: gasto pouco agora, poupo bastante nesse momento que minha saúde está no auge para que, quando meu corpo fraquejar, eu possa ter para gastar. Tem algo estranhamente lógico nessa equação. O lógico é que precisaremos de recursos no futuro, sim. O estranho é a tentativa de controle desse futuro e de uma avareza dirigida. Os novos faraós não falam de morte nem de vida no além, mas cuidam muito do vestíbulo da morte.

Pais se orgulham de terem a faculdade do seu filho paga com vinte anos de antecedência. Não sabem se o filho desejará fazer faculdade, mas, *just in case*... Os bens são distribuídos com usufruto antes do fim da vida, para evitar os pesos da transmissão da herança. Em alguns casos, até o previdente recursos do seguro funerário é pago. Minha universidade só permite que eu vá ao exterior se eu tiver uma verba prevista no seguro de reenvio do corpo. Nós, os novos faraós, vivemos uma avareza invertida. Jamais falamos ou pensamos na morte, mas decidimos ladrilhar o caminho para ela com as pedras mais brilhantes possíveis.

LA NAVE VA

Voltamo-nos para o questionamento do cristão Gilbert K. Chesterton. Afinal, em que passamos a acreditar quando deixamos de acreditar em Deus? A resposta não é muito animadora.

Um mundo de vícios e virtudes sem metafísica ou teologia é complexo. Tenho de encontrar valores para todos sem ter um absoluto para medi-los.

Seria uma tentação explicativa lançar mão do veredicto: sistemas totalizadores e explicativos como a teologia tradicional foram sendo substituídos por sistemas como a crença no sucesso, o empreendedorismo etc. Não é falso dizer isso, apenas é parcial.

Mas eu encerro este capítulo convidando você, paciente leitor e paciente leitora, a um último giro mental antes da sua pausa para o banheiro. Sou fascinado pela observação de um shopping em uma tarde de domingo. Sinto-me como o *flâneur* de *As flores do mal*, do poeta Baudelaire. Quem não tem Paris, caça com shopping mesmo.

Há uma multidão, especialmente aqui em São Paulo. Não temos praia a concorrer com o passeio mercantil. Por falar em natureza, se chover, a multidão se multiplica muito. É um programa disputado e altamente compensador, nada mais explicaria alguém fazer uma longa fila em um estacionamento (pago!) e ficar rodando muito tempo em espaços limitados para achar sua vaguinha. Na falta dela, vale (com culpa mediana) invadir a área reservada a outros portadores de especificidades. O casal, os amigos, a família inteira, os solitários: todos saem dos carros com alegria. A primeira prova foi vencida.

Começa um ritual que, observado por um antropólogo marciano, daria muitas teses de doutorado nas universidades daquele planeta. O povo (chamemos assim, porque é mais charmoso e político do que bando) começa a andar pelos corredores iluminados. A maioria não apresenta um propósito, apenas anda, e para de quando em vez para ver uma vitrina. Observam os preços, comentam, descobrem que o mundo fabril trabalhou intensamente e foi complementado pela arte da propaganda para dispor tudo ao seu agrado.

Descubro necessidades que eu não tinha antes de sair de casa. O tênis tem um solado com um novo material que eu, que não sou atleta, necessitarei para a carreira esportiva que eu não tenho. Acreditar naquele tênis é como crer no poder da relíquia de um osso de santo: só a fé pode revelar o que os olhos comuns não percebem.

Mais alguns metros e *voilá*: um quiosque que vende capinhas de celular. A imaginação *kitsch*, no capitalismo, só encontrou sua forma artística no campo capinhas para celular. O conceito de cafona tem de ser alargado para conter os novos modelos. Não há nenhuma funcionalidade, mas compro uma nova capinha. Coloco-a, observo, contemplo com o êxtase de um artista de ícone bizantino. *Eis minha nova capa de celular*, penso orgulhoso. Problema newtoniano: como fotografar o celular com a capa com o celular? Algo para a nova geração de celulares resolver, talvez no próximo domingo.

Caminho. Reflito que já estive naquele corredor. Ou não? Toca o celular. Começo a falar andando, contando que estou falando andando no shopping. Dou risadas. Olho mais vitrinas. *Putz*! Uma nova capinha no andar de cima bem melhor do que a minha. Agora ficarei com esta, pelo menos até semana que vem. Ando, falo e olho. Descrevo para meu interlocutor o que se passa. Imagino que ele esteja em outro shopping, andando e falando.

Pausa para comer. Tantas opções. Fico em dúvida, mas é uma dúvida retórica: o bom da praça da alimentação é que tudo tem o mesmo gosto. Isso facilita a escolha. É quase um milagre da simplificação dos pães: tudo, absolutamente tudo, remete ao mesmo gosto e textura e odor. Que era feliz que vivemos: tantas coisas para escolher e nenhuma necessidade de fazê-lo.

Talvez um filme. Já vi quase todos os lançamentos. Talvez, caso extremo, entrar em uma livraria. Olhar os livros do momento. Folhear alguns. Lembrar que há dez em casa ainda não lidos.

Continuo minha peregrinação. Encontro conhecidos. Toca o celular mais quatro vezes, e explode ao infinito a pergunta mais geográfica e filosófica já apresentada ao homem líquido: "Onde é que você está?"

Já não passei por este corredor? Ah sim, a loja tal, lembro-me desta oferta. O tempo avança. Amanhã é dia de trabalhar. Não posso gastar mais nada, esta capinha já foi uma fortuna. Ando mais um pouco e comento vitrinas como quadros em uma exposição. Identifico escolas, valores de mercado, idiossincrasias dos artistas.

Já fiz a visita ao santo dos santos do mundo contemporâneo. Já elaborei minhas preces. Já adquiri uma imagem sagrada para levar ao lar: minha capinha nova. Compartilhei com outros fiéis a devoção coletiva. Tomei uma comunhão naquela lanchonete. Peregrinei por infinitos corredores. Subi ao céu, pela escada rolante. Desci ao inferno, a garagem. Meu carro, minha barca de Caronte, está lá parado, intacto. Ufa. Devoção feita, hora de retornar para Emaús. Dez da noite, vai fechar: *Ite, missa est.* Somos ou não somos a civilização mais religiosa que já existiu?

Capítulo 9

Oremos

Francamente, não sei se creio em Deus. Às vezes imagino que, no caso de existir Deus, essa dúvida não o desgostaria. Na realidade, os elementos que ele (ou Ele?) mesmo nos deu (raciocínio, sensibilidade, intuição) não são em absoluto suficientes para nos garantir nem sua existência nem sua não existência. Graças a um impulso do coração, posso acreditar em Deus e acertar, ou não acreditar em Deus e também acertar. E então? Talvez Deus tenha uma face de crupiê e eu seja apenas um pobre diabo que joga no vermelho quando dá preto, e vice-versa.

Mario Benedetti, *A trégua*

CORPO E ALMA

Um católico está ajoelhado e reza. Um judeu fica de pé e reza. Um islâmico coloca-se no chão para rezar. Um evangélico prefere o verbo orar. Alguns judeus religiosos dançam quando entra a Torá na sinagoga. Um grupo de fiéis bate as mãos na cabeça, outro no peito. Há quem balance o corpo de forma ritmada. Há quem assuma imobilidade total.

Algumas orações assumem a forma repetitiva e quase hipnótica do mantra. Há orantes que elaboram uma espécie de conversa mental na qual o religioso expõe de forma mais sistemática o que deseja expressar. Dervixes rodopiam e entram em transe na Turquia. Seguidores do Daime cantam, dançam e tomam um chá com fortes efeitos sobre a percepção das coisas.

Por todo o planeta, neste momento que você está lendo, milhares ou milhões estão em alguma atitude de oração. Como os ateus e agnósticos não apresentam, em geral, rituais, as orações individuais e coletivas tornam os religiosos bem mais visíveis. As religiões são, sem julgamento de valor, mais teatrais do que o ateísmo.

A oração é um dos pilares das religiões. É também uma separação muito radical entre quem crê e quem não crê. Por quê? Uma pessoa que reza acredita, profundamente, no poder da oração. Mais: um orante sente que está na presença de algo maior. Essa experiência não pode ser transmitida a quem não crê. Quem não acredita em Deus, um ateu, ou quem não imagina que se possa negar ou afirmar a existência de divindades (um agnóstico); não sente essa presença. Os céticos só podem ter acesso à oração como algo externo, só podem ver e analisar o fiel na sua atitude e na sua fala. Se fosse um desfile de Carnaval, o ateu e o agnóstico entendem a alegoria nas roupas e a dança, mas não entende o motivo da alegria do sambista.

UM DIÁLOGO MATERIAL E TRANSCENDENTE

A oração conforta quem crê. Estabelece um elo, um vínculo com algo maior, que confere sentido a mim e ao meu mundo. A oração insere o fiel em um sistema que ele compartilha, ao menos, com Deus. Na solidão do quarto, na ansiedade da poltrona do avião que decola, na sala de espera do hospital onde seu filho é submetido a uma cirurgia, no perigo de uma travessia solitária por uma estrada, no momento de uma dor aguda — em todos esses casos o orante não tem ou não pode ter nenhuma alternativa senão rezar. Rezar conforta. Traz a ideia, real para a pessoa de fé, que ela está em uma presença que pode ouvir, ajudar, interceder, resolver.

Se for um hábito antigo de infância, ao repetir a fórmula (Pai-Nosso, Shemá de Israel etc.) você se conecta com bons momentos da infância, com sua história, com seu passado e com os afetos, em geral idealizados, de um mundo seguro que passou. A oração, como todo hábito, pode restaurar a ordem ao recriar o passado no qual fui feliz. Tendo passado, eu tenho presente, sou alguém, estou ligado a um universo maior e mais feliz do que a miserável solidão do ser.

As raízes da oração estão no passado, seu motor é uma percepção do presente e seu projeto é de futuro. Rezo porque já rezei antes e porque isso me conforta; o passado. Rezo porque hoje quero agradecer, pedir, interceder, confortar e confortar-me; este é o presente. Rezo porque espero um caminho bom para trilhar à frente e um Céu após isso; este é o futuro.

Se for coletiva, a oração confere força e identidade. É muito poderoso ouvir, em uníssono, um grupo rezando uma fórmula conhecida de todos. Uma só voz, uma só alma e, neste momento, o grupo me protege, sou uma célula em um corpo, um elétron minúsculo em um átomo poderoso e minha insignificância encontra eco e amparo em um corpo vasto. Rezar em conjunto é muito forte e, por alguns instantes, a solidão humana fica diluída e esquecemos que nossa consciência é nossa prisão. A força da tribo ressurge e eu fico despido da experiência angustiante de um ser moderno e sozinho.

REZANDO EM TRÊS LOCAIS

Imagine estar na peregrinação a Meca, dando voltas ao redor da sagrada Caaba, prática milenar do Islã. Você estará, provavelmente, usando branco. A multidão se parece esteticamente e cria unidade. Somos todos iguais, um dos pilares da fé islâmica. O belo verso, em nome de Alá, o Clemente, o Misericordiador, congrega todos. Deus é maior, *Alá Akbar*, falam milhares de peregrinos. Mais: naquele momento, na belíssima mesquita em Meca, olhando para o templo que o profeta purificou, passando pelo meteoro negro que deporá no fim dos tempos falando de todos que ali passaram, eu não apenas estou no Paraíso antes da morte, mas estou junto a mais de 1,4 bilhão de islâmicos. A experiência é muito intensa e transformadora.

O muçulmano que fez a peregrinação (*hajj*) no último mês do calendário islâmico (a data correta) fez, como diz a palavra *hajj*, uma jornada, e isso o transformou. Vestiu a roupa branca (*ihram*) e se tornou igual diante de todos, descalço, sem relógio, correntes ou pulseiras. Nada permite distinguir sua classe social. Diante de Alá a igualdade é absoluta, como será o cemitério islâmico, sem nenhum sinal de distinção no túmulo. Do Único saímos e ao Único voltaremos. A oração do peregrino o integra a todos e ao Um.

Continuemos com nossa imaginação de fé. Sou um judeu religioso que se aproxima do Muro do Segundo Templo, em Jerusalém. Ali estão as enormes pedras que cercavam a área sagrada. Perto está o Monte do Templo, espaço sacratíssimo onde ficava, nos tempos de Salomão, a Arca da Aliança. Cubro a cabeça com quipá, coloco manto, amarro filactérios, separam-se homens e mulheres e me aproximo, reverente, do Kotel, o Muro das Lamentações.

Um bilhete colocado ali, acreditam os fiéis, é um poderoso pedido direto ao Criador. Um rabino me disse, uma vez: "É uma ligação a cobrar para o celular de Adonai, que atende todos." Nos vãos do Kotel estão centenas de bilhetinhos, pétalas de desejos que almejam alçar ao céu. A experiência é única.

Prossigamos neste *tour* por locais sagrados. Um católico se aproxima no nicho onde está a estátua de Nossa Senhora da Conceição Aparecida. Antes ele já tem uma história. Já pode ter comprado um rosário, andado pela sala dos *ex-votos* e lido e visto a narrativa de milhares de milagres. Lá estão diplomas universitários (doutorado inclusive), muletas, panelas de pressão retorcidas que explodiram sem ferir o dono, cabeças de cera, fotos de casas: graças que a Virgem lhes alcançou. Mais: desde a infância deve ter sido acompanhado, em casa ou na paróquia, pelas imagens da Virgem de Aparecida.

O fiel entra na fila e começa a se aproximar. A emoção aumenta. Alguns choram, olhos elevados para o nicho onde a Virgem usa um manto de azul intenso e uma coroa radiosa. Suas mãos estão postas em oração. Diante da imagem é inevitável: as pessoas apresentam reações emotivas que contagiam as outras. Um pouco tribal, um pouco individual, um pouco catártico, um pouco consciente. A mãe de Deus e minha mãe me olha, morena e cálida, e me ouve com a atenção que só as mães podem ter.

As três cenas são reais. Já acompanhei as duas últimas. O acesso à Meca e à Caaba é interditado a não islâmicos sob penas graves. Tirando curiosos, como Richard Burton, que arriscaram a vida para ter essa experiência, só muçulmanos podem fazer a peregrinação. Mas os locais parecem indicar semelhanças entre os fiéis nos três lugares.

TUDO É IGUAL?

Rezar, em especial em um local considerado sagrado, traduz uma das mais antigas e fortes tradições da espécie humana. Sei que um especialista em religiões fará uma crítica correta. A palavra religião não pode ser aplicada a todas essas experiências ao longo dos milhares de anos da espécie humana. Mais: o fato de um indivíduo estar em oração no Kotel ou em Aparecida não torna ambos portadores da mesma experiência. Essa é uma crítica correta à chamada fenomenologia: ao julgamento de algo externo que aproxima situações que só encontram esta proximidade na minha cabeça.

A crítica é correta. As pedras de Stonehenge não foram edificadas com o mesmo propósito do Kotel. Porém, mesmo aceitando que a fenomenologia seja um problema, é preciso reconhecer que, de muitas formas, por muitos caminhos, com muitos esforços distintos, egípcios, judeus, árabes e outros povos compartilhavam uma crença ao fazerem suas construções sagradas: aqueles eram locais especiais onde suas orações chegavam de forma mais direta ao mundo do além.

Academicamente, não podemos analisar toda oração como algo idêntico. É correto entender cada tipo de crença em um contexto específico e irrepetível, inserida na História. Quando ministro aulas sobre o tema, critico a visão que aproxima o xamã da Sibéria do jesuíta espanhol e do rabino em Nova York. São coisas diferentes. Na prática, fora do rigor conceitual, quando um católico se aproxima do Muro das Lamentações, fica emocionado, porque algo ali, em uma fé distinta da sua, o ligou a algo que ele crê maior. Passear no Jardim Baha'i, em Haifa, Israel, espaço que a fé persa fez quase como um reflexo do Paraíso, toca religiosos de todas as orientações. A fenomenologia que a academia rejeita com boas razões é sentida de muitas formas pelo fiel que não lê críticas acadêmicas.

Na "casa do meu Pai há muitas moradas" (João 14:2) diz Jesus no último evangelho. Essa frase pode ser lida de muitas formas. Para o religioso, provavelmente, significa que posso estar em diversos locais, com diversas fés, de diversos modos e que, sobre todos e tudo, existirá um Pai. Provavelmente esse é o sentimento dominante dos religiosos.

POR DEUS E POR FREUD

Para aquele que não acredita, a oração é uma ilusão, um hábito, um exercício de vazio para dar consolo e segurança. Para aquele que crê é uma comunicação direta e poderosa com planos superiores que traz a luz de Deus para seu íntimo e atende ao pedido, à ação de graças, à penitência e ao desejo do fiel.

Para o não crente, a oração é um placebo, um substituto ao verdadeiro remédio. Cientificamente, os placebos têm efeito real. Se nada mais puder ser dito sobre a prece, ser placebo já seria algo concreto. Placebos funcionam. É algo parecido com o que diz o filme de 2012, *As aventuras de Pi*. No filme, um indiano (Pi Patel) conta a seu amigo uma história trágica: um naufrágio. No navio estavam toda a sua família e uma coleção de animais. Sobrevivem, em um bote, ele, um tigre, uma hiena, uma zebra e um orangotango. A longa deriva no mar, a tensa convivência com os animais (em especial o tigre) e as belíssimas paisagens que eles encontram no oceano são o eixo narrativo.

Ao final (atenção, *spoiler* à vista!), vamos entendendo que não eram animais, mas personagens reais, como um irritante cozinheiro e a mãe de Pi. O narrador diz a seu amigo, anos depois: nas duas histórias (a dos animais e a das pessoas reais), sua família morre, o naufrágio continua ocorrendo, a tragédia permanece. Qual seria a melhor história? Há uma analogia: acreditar na aventura com animais seria como acreditar em Deus, torna tudo melhor, mais bonito e mais palatável. O resultado é o mesmo: ateus e religiosos morrem. Qual o conteúdo mais útil para levar no *nécessaire* desta viagem inevitável? Para o religioso é a fé.

Mas a conclusão de Pi tem algo de estranho para os religiosos. Pelo menos para os sinceros, a crença em Deus não é um recurso, um placebo, um paliativo para enfrentar algo mais duro. É algo real que, por vezes, leva até a fazer coisas que tornam a vida mais difícil. Claro que a fé é um conforto para o crente e a oração, um elo poderoso, mas a religião só nasce da fantasia ou da ingenuidade na cabeça do crítico da religião. Ela também é conforto, mas ela não é apenas conforto.

Conto em sala uma história real, que mostra um pouco de tudo isso e da minha alma irônica ou defensiva, se preferirem. Pela primeira vez na vida, há alguns anos, vivi um pouso interrompido por uma "arremetida" no aeroporto de Congonhas. O avião vai descendo, toca o solo com o impacto usual e, segundos depois, em vez de frear, acelera bastante. Era o aeroporto e a pista onde, tragicamente, ocorrera antes um acidente terrível. No momento que a aeronave tenta decolar novamente e subir, vivemos segundos de teste da força do esfíncter anal de cada um.

Aparentemente, não tenho medo de morrer. Em situações de perigo (já aterrissei de emergência no Senegal) vem uma tensão aliada com curiosidade. O que será que vai acontecer? O que vem depois? Mas minha racionalidade costuma ser forte e mantenho a calma, mesmo testando a força do já referido músculo. Lembrei-me que no filme de 2010, *Chico Xavier*, sobre o médium brasileiro, há uma cena muito engraçada. O avião no qual ele viajava sofre uma densa turbulência. O médium fica apavorado e começa a gritar. Seu guia espiritual aparece no avião e lhe pede compostura e dignidade, que afinal, sabe que todos temos nossa hora determinada. Ele concorda e... continua a gritar apavorado: "Eu não quero morrer!"

Voltamos ao meu voo. Em meio à tensão da arremetida, continuei lendo, ou tentando, ou fingindo ler. Ao meu lado, uma senhora elegante fazia inúmeros sinais da cruz. O gesto, repetido freneticamente, era a resposta a um medo. Tentava, por certo, evitar que ocorresse o mal maior, ou, se ocorresse, preparava-se para a travessia. Eu, firme no meu livro, prosseguia impávido, ou quase.

Finalmente, o avião atinge a altitude mais segura e parece estabilizar. Sente-se o alívio geral. "Não foi desta vez", "Esta passou perto", e um entusiasmado grita "aleluia". A senhora ao meu lado faz as últimas persignações, fecha os olhos e agradece a proteção de forma mais longa.

Aliviada, enfim, contempla a mim, lendo. Pergunta então entre o espanto e a curiosidade: "O senhor não reza?" Eu respondi: "A senhora rezou bastante, imagino que a área mínima de proteção inclua minha poltrona também." Ela levou um tempo para processar a frase. Quando o fez, parecia contrariada. Foram as únicas frases que trocamos. Quando aterrissamos de novo, saí mais rápido do que ela. Nunca mais a vi. Não sei se ela conta essa história da mesma maneira que conto. Não sei se permaneço na memória dela. Ela e a cena, como quase tudo, permanecem na minha lembrança para sempre.

Abstraia a minha frase. Pense na senhora. Nada havia a fazer. Nenhuma atitude humana, prática, racional ou material deteria o incidente. Ela lançou mão da única coisa: fazer um gesto religioso. A oração funciona? Tenho certeza que, na maioria dos acidentes graves da aviação, muitas pessoas fizeram um sinal da cruz ou, ao menos, gritaram "meu Deus!". E os aviões caíram. Suponho, igualmente, em todos os hospitais do mundo, religiosos de todos os credos fizeram preces por entes queridos que agonizavam e esses paciente morreram. Não é estatística, mas é algo possível de imaginar: de cada cem pacientes terminais ou casos graves e irreversíveis de doenças, digamos que um ou dois tiveram uma recuperação milagrosa, não explicável. Para a maioria absoluta, o milagre não ocorre. Se fosse uma medicação, a prece seria considerada, matematicamente, ineficaz. Mas continua sendo feita.

Pense em todos os que rezam semanalmente para que seu jogo seja sorteado em alguma loteria. Qual seria a proporção de eficácia nesse caso? Já me disseram que a chance de ganhar na Mega-sena com uma cartela é de mais de um em cinquenta milhões. Seria correto imaginar que muitos milhões jogaram. A maioria pode ter rezado. Só um ganhou. O mais curioso: na semana seguinte, os perdedores rezarão novamente. A maioria fará disso um ritual: jogar, rezar, perder, jogar, rezar, perder... é fácil ao cético ironizar essa crença.

AFINAL, PARA QUÊ?

Um em cinquenta milhões. Um remédio teria sido abandonado. Esse número derruba quase tudo. Não derrubaria a fé. Em primeira instância, pelo óbvio: a oração é uma escolha, por vezes final. Nada mais resta. É a tábua em um naufrágio. É instintiva. Pense na metáfora: você está se afogando e passa um pedaço pequeno de madeira. Você pode ser racional e dizer, "minha massa corporal é excessiva para o poder de flutuação deste pedaço de madeira, logo é desnecessário eu me agarrar a ele, pois continuarei afundando." Essa é a lógica. Esse é o dr. Spock. Mas Spock não é humano, é vulcano. O humano se agarra à tábua. O médium, humano, grita no avião, "eu não quero morrer!". Uns disfarçam o medo lendo, outros rezando. Todos querem gritar.

Uma oração é a tábua no instante do afogamento. Suponha de outra forma. Você está morrendo envenenado. Tentou todos os tratamentos mais avançados da medicina e todos os antídotos. Nada. Há poucas horas de vida pela frente. O fim, inexorável, se aproxima. A Indesejada, como era chamada a morte na literatura antiga, ou Caetana, como é chamada até hoje no Nordeste, acena. Mostram a você um copo com um líquido azul. Dizem: "Não se sabe o efeito, talvez cure, a maioria não foi curada, há pouca chance, mas talvez funcione. A chance de cura com este antídoto é de uma em cinquenta milhões." Você recusaria? "Bem, muito baixa a estatística para ser eficaz", você diria. Acho que não. Você tomaria. Eu tomaria, certamente.

Seria forte, mas insuficiente, fazer esta metáfora: a oração é a tábua quando você está afundando ou o antídoto incerto perto da morte certa. A oração, para o crente, é bem mais.

Já identifiquei antes algumas forças da prece: sentimento de identidade, volta a boas lembranças da infância, dissolução em um grupo maior e até efeito placebo. Há mais uma, quase psicologizante. A oração é um momento de parada, de tomada de consciência. Ela ocorre de forma que eu enuncie o que se passa. É o momento de eu dizer: "Estou de fato doente" ou "Meu filho pode morrer" ou "Eu posso perder meus bens." Ela é uma reflexão sobre o que está ocorrendo já que, para pedir, eu tenho de enunciar o que me aflige. Funciona como um olhar direto na Medusa paralisante, armado com o escudo da fé. Curiosamente, quem reza pensa, e toma consciência, e encara o problema. Para ateus, a oração é uma fuga. Ela pode ser. Mas pode ser seu oposto: uma consciência.

Mas a oração pode ser de agradecimento. Nesse caso, a consciência também existe. Eu tomo consciência das graças alcançadas e digo obrigado. Essa é a função do obrigado: eu reconheço que recebi um benefício, um presente.

A oração pode ser de expiação, de meditação sobre o pecado, de dor pelo erro cometido. Mais do que nunca, ela se torna um exercício de consciência. Pequei; errei contra Deus e contra meu irmão; sinto-me mal pelo que fiz, disse ou deixei da fazer; tentarei não fazer de novo. É um exame de consciência com incenso, psicanálise de joelhos, e não no divã. O resultado dessa consciência é tão incerto quanto a psicanálise, mas tem uma pequena vantagem: a prece é mais econômica.

CAMADAS MAIS FUNDAS

Há um último detalhe. Falei da oração comum, daquela que a maioria faz. Por comum entenda-se, aqui, o numericamente dominante, não o pior. A oração mais comum é de petição, de busca por algo que se deseja obter ou impedir. Também citei outra, a de agradecimento e, por fim, a de expiação.

Existe uma oração em camadas mais abaixo dessas. É, provavelmente, menos usual do que as anteriores. É a oração de contemplação. Essa é a que mais escapa aos céticos. Trata-se da prece mais complexa para descrever. É a menos previsível ou explicável.

O fiel não tem nada a pedir. Se for um cristão, a cada Pai-Nosso já fez sete pedidos básicos e, o mais importante, “seja feita a Vossa vontade”. O devoto já afirmou que a vontade de Deus é soberana e sempre a melhor. Ter fé, diria um muçulmano, é submeter-se a Deus, pois os caminhos de Deus são perfeitos. É o exemplo que as três religiões veneram: "Toma teu filho único, Isaac, a quem tanto amas, dirige-te à terra de Moriá e oferece-o ali em holocausto sobre o monte que eu te indicar" (Gênesis 22:2). Abraão fez. Submeteu-se. É o pai do tronco judaico e de dois galhos frondosos desse tronco: Cristianismo e Islamismo. Abraão amou Deus sobre todas as coisas e se submeteu. Ensinam os místicos que Deus não precisa da nossa oração. Deus não melhora, não piora, não sente falta quando não fazem ou felicidade e bom humor quando muitos praticam a comunicação com Ele. Deus é imutável para os monoteístas. Afirmava Agostinho de Hipona: "Deus não será maior se o respeitas, mas tu serás maior se o servires."

O homem precisa da oração para inserir-se na ordem da criação e descobrir-se criatura, frágil e sem poder, mas amada. A oração é um reconhecimento de fraqueza, sim, mas uma entrega ao Amor maior. Por isso, dizem os religiosos, precisamos da oração: para saber que nada somos, nada podemos, mas somos amados por quem tudo pode e tudo é.

O máximo dessa entrega é alcançado por poucos. É a oração de contemplação. É o momento de estar diante de Deus, sem pedidos, sem fórmulas, em silêncio, de olhos fechados. Por que falar se Deus tudo sabe e tudo conhece? Por que se desesperar se tudo que ocorrer faz parte de um plano? Por que tantos por quês? Entrega, confia, aceita. Silencia, acima de tudo, silencia. Como um bebê no regaço da mãe, alimentado e aquecido, como o namorado deitado sobre as pernas da namorada, como a esposa abraçando o marido, como uma banheira quente e relaxante após um dia de trabalho pesado — a alma se entrega, sem perguntas ou respostas, apenas sente.

A oração de contemplação acompanha místicos. Não pertence à infância da fé, mas a seu período maduro. Seria, em uma relação a dois, aquele momento que você não precisa mais falar muito: a intimidade criou um silêncio eloquente. Olhamos para o ser amado e entendemos. Recebemos o olhar de retribuição e sorrimos. É a comunicação que está além das palavras. Impossível quantificar, descrever ou avaliar. Apenas é. Assim Deus se definiu a Moisés na sarça: "Eu sou aquele que sou" (Êxodo 3:14). Ser que chama os seres. Essa oração produz esse fenômeno muito difícil de escrever: sou junto a quem É, existo com quem define o ser, sou com quem SOU. Estranho do ponto de vista gramatical, sou com quem SOU, mas intenso teologicamente. O último degrau da oração é esse.

Conclusões

Ama e faz o que quiseres. Se calares, calarás com amor; se gritares, gritarás com amor; se corrigires, corrigirás com amor; se perdoares, perdoarás com amor. Se tiveres o amor enraizado em ti, nenhuma coisa senão o amor serão os teus frutos.

Santo Agostinho

Anunciei, no começo, que tinha resistido a este livro. O sentimento foi sumindo. Virou entusiasmo. O livro foi gestado por muitos meses e escrito em poucas semanas. A primeira ideia surgiu no isolamento de um hotel no Butão. Estava sozinho em um quarto imenso. No meio da Ásia, eu estava sem ninguém ao meu redor falando a minha língua, e com pessoas que falavam um inglês, digamos, diferente do meu. No silêncio abissal das montanhas do Himalaia, olhei o sol nascendo nos picos nevados ao longe. Fiquei hipnotizado pela cena. A foto ficou pífia; a memória, não. Solidão, beleza, reflexão, morna felicidade de estar diante do belo. Sem celular e sem televisão e, de novo, o silêncio imenso, mais profundo do que jamais ouvira. E o sol na neve, ao alto. Foi uma epifania estética.

O Butão tem lugares paradisíacos. Eu estava no centro do Jardim do Éden. Desejei escrever sobre como saímos dos paraísos, sobre pecado e sobre perdão. Vendo a beleza quase pura, desejei falar do pecado. Por que deixamos o local perfeito?

O sábio tem seus defeitos diante de si sempre. Como não sou sábio, tenho um olhar agudo para os defeitos alheios. A humanidade seria maravilhosa se fosse como eu deliro ser. Minha fantasia de perfeição é jogada sobre os outros, mas ela me poupa. Sou o fariseu quase clássico. O livro foi um esforço de exorcizar o fariseu-juiz-pequeno-burguês que se entranhou em mim a ponto de me definir muitas vezes. Foi um exorcismo. Existem textos de autoajuda. Este foi de autoexorcismo.

Há dias nos quais exulto comigo mesmo: *como consegui ser equilibrado!* Ontem, exausto, com muita fome, tendo acordado às cinco da amanhã, saía de uma aula quase cambaleante. Uma aluna decidiu me fazer perguntas sobre o livro do Gênesis. O entusiasmo e as dúvidas dela durariam até o livro do Apocalipse, mas meu corpo estava me mandando gritar, ou estrangulá-la lentamente. Das profundezas surgiu força e respondi, por dez minutos, à dúvida dela sobre um trecho javista. Despedi-me com um sorriso. Nesses dias chego feliz: consegui superar o eu que queria gritar e incentivar o eu que se sente orgulhoso e vaidoso de ajudar, mesmo cansado. O eu-orgulhoso-narcísico é o mesmo. Volto a Santo Antão: vaidade da virtude é sofisticada, mas continua sendo vaidade.

Há dias nos quais o sol do Butão sobre o topo nevado ilumina um canto do meu coração que, dizem algumas alunas muito queridas, é meio *peludo* (metáfora, creio, para coração maldoso). Quando faço algo muito bom, elas dizem que depilei meu centro cardíaco. Quando brota um comentário ácido, elas dizem que cresceram os pelos de novo.

Há dias bons e dias em que o coração peludo concorre com Rapunzel. Há cenas de grosseria que faço que assustam até a mim. Um dia, no trânsito, discuti com uma jovem. Ela me disse: "Eu tenho medo do senhor." Respondi: "Eu também." São os dias que não consigo encarar meu rosto no espelho, pois tal como a Górgona, petrifico. Tenho medo de mim com frequência. Não se trata de esquizofrenia ou, pelo menos, não de um caso mais grave de esquizofrenia. Preciso ser sábio. Necessito disso. Preciso que a vaidade da virtude domine as outras vaidades e, meta ainda mais utópica, deixar de lado todas as vaidades.

Ser sábio é como usar a metodologia dos Alcoólatras Anônimos: decido não beber só por hoje, já que não beber nunca mais é muito difícil. Decido ser sábio só hoje. Vinte e quatro horas é um prazo exequível. A vida toda é demais. Eu decido que só hoje tentarei não ser vaidoso, guloso, avarento, luxurioso, irado, preguiçoso e invejoso. Há manhãs de vitória, tardes de imensa derrota e dias de empate técnico. Já percebi que sou mais virtuoso nas primeiras horas da manhã e vou piorando...

A grande virtude de combate aos nossos traços que consideramos negativos é a constância da esperança. É uma luta pela insistência permanente. A peleja diária e forte, e a derrota quase certa, desanimam. Tem de recomeçar. Isso pode ser vivido no calor da fé ou no mais completo ateísmo. Um ser humano ateu e um religioso variam em várias coisas, mas ambos são humanos e, por força da natureza, do destino, do carma ou da presença de carbono em nós, falhamos.

No início deste livro, ao tratar do tema perdão, falei de um incidente com uma amiga. Senti-me traído por um ato. Magoei-me ao extremo. Senti o sangue e a bílis negra, a raiva e a melancolia que se experimenta nesses casos. Passaram-se alguns anos. Conversamos algumas vezes. O vaso da relação foi colado. Cada um seguiu seu rumo. A vida urbana e social nos absorveu. Novos afetos e redes de cumplicidade foram formados. O fantasma do que ocorreu continuou pairando toda vez que, voltando de carro de algum lugar, eu cruzava a rua dela. Minha boa memória é ruim nestes casos: ela reproduz diálogos vivamente, traz à luz do hoje rostos de coisas ocorridas muito antes.

Ministrei várias palestras sobre perdão. A reflexão ajudou a preparar este livro. Nesse meio tempo, morreu meu pai. A experiência da morte de quem se ama muito é impactante, como vários dos meus leitores sabem bem. O mundo muda de lugar. Perder pai ou mãe provoca um súbito envelhecimento. Pensamos nos valores das coisas e como perdemos tempo com o que é secundário. No segundo aniversário da morte dele, escrevi uma carta:

> Há algo na morte que eu jamais experimentara. Está na expressão do poema de Edgar Allan Poe: *nunca mais*. Nunca mais o verei, nunca mais falarei com ele, nunca mais o abraçarei no dia conjunto do nosso aniversário. Nunca mais, como grasna o corvo do poema. Nunca mais. Nunca outra vez ver. Apenas lembrar e tecer memórias, como em num inventário infinito; até o dia que esta mortalha também me cubra e eu me torne uma sombra apenas. Virei tecelão de fios e rastros tênues. Cultivo o tempo passado do meu pai até que meu próprio se esgote. Passaram-se dois anos.

Volto ao caso da minha amiga. A vida prossegue, a morte ao nosso redor nos lembra sempre da brevidade de tudo. Esse sentimento faz surgir céticos e místicos. Já passei pelas duas experiências. A mágoa é desgastada pelo tempo. O orgulho permanece bem mais.

Talvez exista um degrau acima da possibilidade do perdão. O perdão, repeti ao longo do livro, tem algo de vaidoso, na medida em que estabelece uma parte correta (a que perdoa) e outra, errada (a que necessita do perdão). O perdoador, o misericordiador, é um juiz que pode decidir. Ele funciona com o poder e a empáfia do cliente que dá ou não gorjeta ao garçom. O empregado não pode pedir a gorjeta. Ele anseia por ela, mas não pode reclamá-la. Fica ali de pé, olhando, esperando, em uma terrível e assimétrica relação de poder. Talvez ele ame quando o cliente é generoso, talvez até ele não mereça algo a mais porque o serviço foi ruim, talvez ele seja muito bom — nada disso importa, quem decide é o cliente.

O que perdoa é cliente, dono da verba e da decisão. Talvez aqui esteja o problema: decidir perdoar ou não tem como base, em última instância, quanto do meu orgulho foi ferido. "Como foi possível fazer isso comigo?" O centro da questão é a palavra *comigo*.

Divergem os teólogos se existe chance de Deus perdoar a traição do demônio um dia. Alguns insistem na redenção final de todos os seres, inclusive os decaídos. Claro que o demônio deveria estar arrependido. Só existiria perdão divino nesse caso. Mas o que os teólogos discutem pouco é se Lúcifer conseguiria perdoar Deus. Ter sido amado talvez seja mais imperdoável do que ter sido magoado. Com o amor dado, transformei-me, cresci, fui nutrido. Isso cria um hiato ainda maior do que a ofensa.

Todo o futuro dos perdões que você e eu, querido leitor e querida leitora, teremos de dar ou receber, depende do orgulho. "Ama e faz o que quiseres", diz a epígrafe do bispo de Hipona neste capítulo. A barreira do orgulho é a mais eficaz contra o amor.

Aqueles que sofreram *bullying* na escola sofrem muito. Um dia, talvez, precisem perdoar seus agressores, ou, ao menos, passar muitas horas discutindo isso com um analista. Pouco se discute o fardo do agressor, o que promoveu ou liderou o assédio físico, emocional ou verbal. O *bullyer* precisa agredir pela dor que sente consigo, para eliminar naquele que acha fraco a própria fraqueza. O custo da vítima é altíssimo, mas a rede complexa de dores inclui o agressor. As feministas diziam, há quase cinquenta anos, que o movimento era também para libertar o homem do machismo, não apenas a mulher. O homem se obrigava a coisas e a um código que era custoso a ele também, tal como era violento para as mulheres. O agressor e o agredido sofrem na maioria dos casos, ainda que, claro, o custo físico ou psicológico é sempre enorme para a vítima.

Chegamos próximo ao fim da nossa viagem ao longo do conceito de pecado e de perdão. Perdoar é muito interessante, mas a decisão se há ou não o perdão é um gesto de vaidade. Encastelar-se na virtude (muitas vezes aparente) mascara o jogo. É a dialética do senhor e do escravo de Hegel: um é refém da escravidão, outro é refém da situação de ter de controlar o escravo. Tanto o carcereiro quanto o apenado estão na prisão. O medo preside a ambos. A grade separa duas angústias imbricadas.

Ser sábio é livrar-se ou lutar contra o medo. Perdoar não é dizer, "eu sou melhor", mas afirmar que também é humano. Por não ser melhor é que posso dar o perdão. Por achar que, em circunstâncias similares, posso fazer o mesmo ou pior, eu abomino aquele ato, mas dou meu perdão. Não dou porque sou generoso, mas porque não sou generoso, porque sou ruim, porque também fui expulso do Éden. Então, *puf,* evaporou-se mais um pedaço do pequeno moralista dentro de nós.

Ser sábio é querer melhorar. Ser melhor talvez já seja pretensioso. Então, peço perdão aos meus leitores e a minhas leitoras pela extensão da jornada. Peço perdão aos que ofendi ao longo de toda a minha vida, especialmente como professor. Peço perdão pelo meu olhar duro, pela palavra terrível, pelo gênio de cão. Peço perdão a uma amiga que pediu meu perdão, pois eu ajudei a criar uma situação que me encastelou na virtude.

Sim, o poeta tinha razão, um vaso colado talvez nunca mais possa ter flores com água. Um vaso partido está partido e perde sua função original. Então, sem água, ele possa guardar chocolates, ou textos, ou fotos, ou fazer eco para novos risos. O substantivo é vaso. Partido é adjetivo. O essencial se mantém. Quero muito isso. Obrigado por terem chegado até aqui. Perdão pelos meus defeitos e, acima de tudo, peço perdão pelas virtudes que imagino ter.

Que todos perdoem os atrasados, os inseguros, os que tropeçam na língua portuguesa, os fofoqueiros, os preguiçosos. Mas, acima de tudo, que todos perdoem muito os pontuais, os de fala segura, os de português perfeito, os leais e os diligentes. Esses também necessitam muito do amparo de todos. E que ninguém caia sob o peso dos seus pecados ou das suas virtudes.

Algumas indicações para mais ideias

Ao longo do livro, utilizei citações da Bíblia. Optei pela recente tradução da CNBB, segunda edição. Tem uma linguagem boa, mas não alteraria muita coisa se eu tivesse utilizado a tradução de São Jerônimo, a de João Ferreira de Almeida (que algumas vezes foi utilizada para melhor compreensão) ou a Bíblia do Rei James. Meu objetivo não era a erudição bíblica, mas a ideia contida no texto. Espero ter demonstrado uma coisa na qual acredito: a Bíblia é uma referência cultural, mesmo que o leitor não tenha o menor traço de fé. A Literatura, a Arte e a Psicanálise ocidentais ancoram-se em narrativas da mitologia e da Bíblia.

Como vivemos em um mundo de imagens, também vou recomendar alguns filmes. Eles ajudarão a aprofundar temas e despertar novas perguntas. É uma lista subjetiva que pode ser aumentada ao infinito. Nem todos são obras-primas, mas todos fazem pensar.

1. *Homens e deuses* (2010) é história de monges trapistas que foram mortos em circunstâncias misteriosas na Argélia, em 1996. Fala de violência, coragem, perdão e fé.
2. *A chave de Sarah* (2010) é um filme sobre uma vítima do holocausto, Sarah Starzynski, que carrega uma imensa culpa pela morte do irmão. Sua história é resgatada pela jornalista Julia Jarmond. O filme tem um aspecto pouco trabalhado: nossa eventual incapacidade de superar a culpa ou a dor.
3. *As aventuras de Pi* (2012), citado no livro. É uma história metafórica sobre a opção de crer em Deus. Filme bonito, mais bonito do que denso, mas que vale a pena.
4. *O sétimo selo* (1957) é uma obra-prima de Bergman e fala de todos os eixos essenciais tratados neste livro: morte, perdão, pecado, humanidade. Filme indispensável sobre o humano e sua insuficiência.
5. *A separação* (2011) discute um problema conjugal no Irã e os dilemas de uma mulher que deve cuidar do pai. Filme interessante para discutir opções e religião.
6. *O gato do rabino* (2011) é uma animação divertida sobre um gato que recebe o dom de falar e quer se converter ao Judaísmo, não sem antes questionar a fé.
7. *Alexandria* (2009) é um filme espanhol que conta a história de Hipácia, matemática e filósofa do quarto século que foi perseguida e morta por cristãos. Discute a relação entre ciência e fé e agrada muito aos críticos da religião.

PUBLISHER
Kaíke Nanne

EDITORA EXECUTIVA
Carolina Chagas

EDITOR
Rodrigo Almeida

COORDENAÇÃO DE PRODUÇÃO
Thalita Aragão Ramalho

PRODUÇÃO EDITORIAL
Jaciara Lima

PREPARAÇÃO DE TEXTO
Fernanda Silveira

REVISÃO
Thamíris Leiroza

DIAGRAMAÇÃO E PROJETO GRÁFICO
Carmen Beatriz Silva José

PROJETO GRÁFICO DE CAPA
Mayu e Dushka (Estúdio Vintenove)

Este livro foi composto em Bookman Old Style 11/15 e
impresso pela Imos sobre papel Chambril Avena 80g/m2
para a HarperCollins Brasil em 2016.